写真とコメントを使って伝える

ヴィジブルな
保育記録のススメ

小泉裕子　佐藤康富

Contents

はじめに

保育者・子ども・保護者を
信頼の輪でつなぐ切り札に！

小泉裕子

　子どもの保育に関する動向は、数年来大きく変わろうとしています。なんといっても初期教育としての「保育の質」を大切にする時代の到来といえるでしょう。

　「保育の質」を高める方法として、ひとつには、保護者との連携の重要性があげられます。

　OECD 保育白書『人生の始まりこそ力強く（Starting Strong ～ Starting Strong Ⅲ）』やわが国の教育基本法第 11 条「幼児期の教育は、生涯にわたる人格形成の基礎を培う～（略）」の理念からもわかるように、初期教育の重要性が指摘されています。そこでは、幼稚園や保育所、認定こども園等の集団保育における幼児期の教育の充実をめざすだけではなく、家庭教育との連続性や保護者との連携強化が大きくクローズアップされたのはいうまでもありません。

　保育の現場では、従来より家庭との連続性・協力を視野に入れて保育を行ってきましたが、実際の連携内容は交流行事やお遊戯会、発表会、運動会等の「見せる、発表する」取り組みが中心でした。それらの目的は、保育で観られる子どもの発達の様子を保護者に伝えたい、というねらいからです。しかしそれらの取り組みは、園から保護者に伝えるという一方的な方法に留まってしまいがちです。

　保育者としては、子どもの発達や学びの様子を保護者と共有したいことが、たくさんあります。「伝えたいこと」は、毎日の積み重ねとなり、あふれんばかりの情報になっているのが現実です。

　では、保護者とより深く連携するにはどうしたらよいのでしょう。

　私たちは、「保育者×保護者の連携」は、子どもの情報を共有することから始まると考えています。

そこでこの本は、子どもの情報共有の一助となるべく「発達の見える化」を可能にした記録のとり方・まとめ方に焦点を当て編集を重ねました。

　保育者と保護者の本当の連携をめざすために、現場の先生方が作り上げた「生きた保育記録モデル」を多数掲載しました。特に「発達の見える化」を促進するために、子どもの成長を物語るにふさわしい資料として、「写真によるラーニング・ストーリー（Learning Stories）」「保育者の伝えたい感動メッセージ」「子どものホントの発達を診るポイント」など具体的事例が豊富です。

　「保育の質」を高めるための２つ目のポイントは、保育者の自己評価の重要性です。

　保護者に伝えたい子どもの情報を極めるほどに、実は自分の保育の振り返りにも大いに役立っていることはいうまでもありません。保護者への「見える化」は、まさに自分の保育の「見える化・可視化」です。子どもの発達の記録を可視化しながら整理をすることは、保育の正式な記録となり、学期末や年度末の保育要録、指導要録等の公文書へとつながっていくでしょう。保育者にとっては、多様な仕事が山積するなかで「生きた保育記録」を作り上げることで、業務の効率を図り、質の向上につながっていくのだと確信しています。

　この本を通して保育者・子ども・保護者を取り巻くすべての人に、子どもの育ちのプロセスの大切さと、その情報を丁寧に伝え合う・わかち合う大切さを伝えていきたいと思います。

保育者・子ども・保護者が喜ぶ
保育記録とは

佐藤康富

保育者にとって保育記録は、毎日、忙しさに追われながら
"書かなくてはならない" もの…といった存在になりがちです。
しかし、本来保育の中心である子どもに、その記録は生かされているでしょうか？
子どもの育ちを"ヴィジブルに ＝目に見えるように"伝える保育記録は、
保育者・子ども・保護者にメリットをもたらしてくれる記録です。
まるでインスタグラムをアップするように、伝える喜びを感じながら
「ヴィジブルな保育記録」を始めてみませんか？

保育記録は "何のため" "誰のため" にあるのか？

やらねば生活からの脱却➡伝える喜びへ インスタグラムをアップするように

みなさんはどんな保育記録を書いていますか？

幼稚園の保育者のみなさんは、日々、子どもの記録を週日案に書かれていることでしょう。

保育園の保育者のみなさんは、子どもたちのお昼寝の時間を使って、子どもの様子を連絡ノートに書き、家庭に伝えていることでしょう。

また、日々の子どもたちのエピソードを園だよりや、クラスだよりで伝え、年度末には子ども一人ひとりの成長を小学校へ連絡するため、「要録」も作成されていることでしょう。このようにあげると、保育現場ではさまざまな記録がつづられていることがわかります。

ところで、その膨大な記録は誰のためにあるのでしょうか？

おおまかにいうと、その記録の対象は3つに絞られます。

❶ 1つは保育者自身。その日の出来事を、子どもの様子を書きながら、自分の保育を振り返り、見直し、改善し、次の保育の計画に役立てる意味では、記録は必要不可欠なことです。

❷ 2つ目は保護者へ向けて。子どもの様子を保護者に向けて発信し、子どもの発達や成長を伝え、理解してもらうためにあるといえます。

❸ 3つ目は要録にみられるように、保育の指導の継続性を確保することから、その記録は次の担任、小学校の先生を対象にしています。

しかし、**保育の一番の対象である子どもにはその記録は生かされているでしょうか。**

もしも、保育の記録がやらなければならない義務ではなく、インスタグラムのように "発信したい" "伝えたい" そして、保育の当事者である子どもも "見たくなるような" 保育記録であったならば、どうでしょうか？

これからは、そのような「ねばならない記録」ではなく、「子どものことを伝えたい喜びの記録」へとパラダイムを変換していきましょう。

記録は何を伝えるのか？
"子どもの姿""育ち"をリアルに

子どもの育ちをヴィジブル【目に見えるよう】にする

さて、下の子どもの写真を見てください。みなさんはどんなことを思いますか？

> すべて違う色を
> 集めている！！
> 子どもなりに考えて
> いるのです！！

　実はこの写真は３歳の子どもが廃材（牛乳パックの空き箱やペットボトルの蓋など）を使って、自分の乗り物を作っているひとコマです。それだけではなく、この写真で、この子どもがペットボトルの蓋が入っている箱から取り出して並べているのは、すべて違う色の蓋なのです。このすべて違う色というのが大事なのです。この子どもは、自分の作りたい乗り物のために、ペットボトルの蓋を取り出しているのですが、無作為に、なんとなく取り出している訳ではありません。

　彼は意図的に、自分で異なる色のペットボトルの蓋を取り出しているのです。

彼は彼なりに考えている、遊びながら思考しているのです。

そのようなことがわかると、**遊びは子どもにとって重要な学習**であることが理解できます。ここでいう学習とは、文字や数などを受け身で学ぶものではありません。頭のいい子を育てるという近視眼的なことでもなく、考える人間を育てるということです。自分の身の回りに起きている事柄を何も考えず、受け身に過ごすのではなく、そのことを**自分なりに受け止め、考え、解決しようとする人間を育てる**ことこそ、真の民主主義、デモクラシーを育てることにつながります。

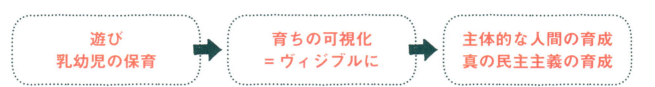

かつて、教育社会学者のバジル・バーンスティンは「幼児の教育は目に見えない教育方法、インヴィジブルだ」と言いました。なぜならば、幼児の教育は遊びが中心の教育方法で、小学校以上の教育のようにテストで結果を測るようなわかりやすいものではないからです。

しかし、この重要な幼児教育は、子どもの育ちをチェックリストやテストとは違う形で**可視化（ヴィジブルに）**する必要があります。もちろん、今まで、それを文章やエピソード記録で伝えてきました。そのことをここで、否定するつもりはありません。**今まで努力してきたことが、より伝わりやすく、わかりやすくなるとしたら、子どものためにそれにチャレンジすることも大切ではないでしょうか？**

それが、**写真とコメントを使って伝える"ヴィジブルな保育記録"**の方法です。

この保育記録の利点、よさは**ヴィジブル⇒目に見えてわかりやすい、伝わりやすい**という点です。言葉で長々とエピソードを書かなくても、写真と簡単なコメントで伝わるということです。

3 なぜ "ヴィジブル" なのか?

目に見える保育記録は世界を変える

1 保護者が変わる、園のよきパートナーとなる

　保育者は日々、子どもの姿を保護者に伝えます。その日の出来事や子どもの様子を登降園時、直接、フェイス トゥ フェイスでコミュニケートします。このことが、保護者にとっては何よりも重要な情報といえます。しかし、時として、写真による "ヴィジブルな子どもの姿" は、よりリアルに、実感をもって保護者に受け止められ、納得される情報になります。そして、このような保育記録は、その場にいない家族（父親、祖父母など）に子どもの姿をリアルに伝える媒体にもなります。

　ある園でのエピソードです。子どもが保育室にある「ままごとコーナー」で遊んでいました。その子どもは人形を患者に見立て、お医者さんごっこに興じていました。1歳の子どもです。コップにお薬を入れ、人形に飲ませるまねをしていました。何度か、人形に薬を飲ませた後、そのコップを人形にかぶせました。きっと、そのような子どもの行為は、大人からすると不可解なことに見えます。通常、コップは何かを飲む道具で、頭にかぶるものではないからです。したがって、このような行為を大人が見た時、「コップは人形にかぶせるものではないのよ」と注意するかもしれません。

　しかし、その場に居合わせた保育者はその子どもの行為を子どもなりの考えとして認め、保護者に伝えたのです。このコップをかぶせたという行為は、このお人形が薬を飲んで元気になった、変化した、回復したという様子を子どもなりに象徴的に表した行為と読み取れたからです。

　そして、このエピソードは文章だけではなく、下のような**ヴィジブルな保育記録なら、一目瞭然**です。

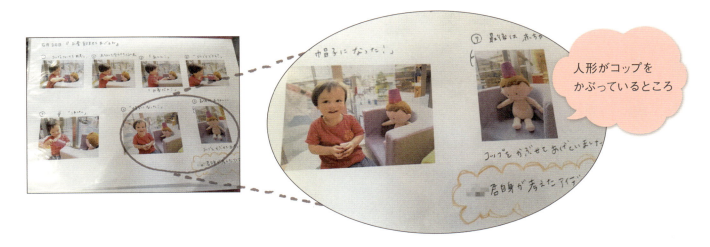

人形がコップを
かぶっているところ

バーンスティンがいう「目に見えない（インヴィジブルな）教育」を「目に見える（ヴィジブルな）教育」にするということが少しは理解していただけたのではないでしょうか。

しかも、日常茶飯事に子どもが繰り広げる、大人の発想とは違う子どもなりの考えや発想を、大人が理解する機会となります。**この子どもなりの発想や理屈、考えを、かつてピアジェは「子どもの思考」と意味づけ、価値づけました。**子どもが、訓練とは違う、遊びという教育方法である保育のなかで、どのような育ちをしているのかが理解されると思います。

そして今までは、子どもは単に遊んでいると思っていた保護者もこのような保育記録を通して、子どもなりの発想や育ちを理解し、深めていくのです。保護者自身も注意深く子どもを見、子どもなりの発想や考えを知り、それを驚嘆の思いで受け止め、喜ぶようになるのです。その時、子どもは子どもとして尊重されるというまなざしを保育者だけでなく、保護者からも向けられ、エンパワメントされるといってよいでしょう。

また、ある保護者は園からのヴィジブルな保育記録を見ることによって、父親も変わったことを話してくれました。4歳児で幼稚園に入った子どもが、年長児のパン屋さんごっこに刺激を受け、それ以降、自分の保育室へ戻り、その子なりのパン屋さんごっこを始めた保育記録が家庭に配信されました。そして、その子どもは自分の誕生日におもちゃのレジスターを買ってほしいと願ったそうです。保護者はこの保育記録を見ていたので、なぜ、子どもがレジスターをほしがったかを理解し、誕生日にプレゼントしました。それ以降、父親もその子と一緒にレジスターを使いながら、コンビニ屋さんごっこを家庭で楽しんでいるそうです。

もし、この記録が口頭や文章のみのものであったならば、父親にもこのような理解を得るのは難しかったかもしれません。

このように**ヴィジブルな保育記録は、保護者を保育のよきパートナーへと変える**のです。

2 保育者が変わる、保育を共有し、保育を改善する仲間へ

子どもが帰った後に、保育室の掃除をしながら、また職員室や事務室で、子どものことを話す保育者の姿がよく見受けられます。このような会話は、子どもの違う一面を発見したり、次の保育を計画したりするヒントにもなります。もし、このような場面で、写真というヴィジブルなものがあれば、保育者同士の共通理解も一層進むのではないでしょうか。

また、保育園のようにチームで、シフト制で働く職場であればなおさら、同じ場、時間を共有するのが難しい部分があります。しかし、このようなヴィジブルな記録がそれを可能にするといってよいでしょう。

ある園では、一人の保育者が積み木コーナーで遊ぶ子どもたちの様子をヴィジブルな保育記録にしました。そ

こに置かれている積み木は丸い形をした中心に穴の開いたドーナツ状のものです。子どもは子どもなりの発想で、その積み木で遊びます。ある子はそのドーナツ積み木をカラフルにつなげ、へびを作ります。また、ある子は上に上にどんどん高く積むことをおもしろがります。別な子は何かをそのドーナツ積み木で作るというより、顔にくっつけてメガネに見立てます。その発想が子どもたちにはおもしろかったのか、たちまち他の子どもへ伝染し、いろいろなメガネへと広がっていきました。

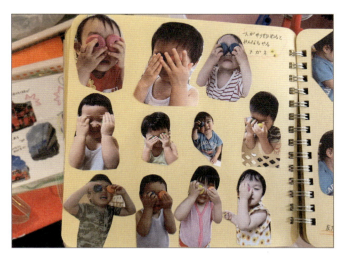

それを保育者は左の写真ようなメガネコレクションの保育記録にしました。

このような保育記録は単に子どものさまざまな姿、あるいはやり方を記録しているだけではありません。子どもが子どもなりに考え、やろうとする、チャレンジすることに価値を見い出しているといえましょう。その意味で、**これらの保育記録は単なる事実のスナップショットではなく、それぞれの保育観、保育に対する考え、価値観を共有するツールともなっているのです。**

これに刺激を受けた他の保育者も、保育室に環境構成したマットコーナーで生み出される子どもの姿、子どもなりのやり方を記録しました。特に、このような体育的な要素の強い遊びは正しいマット運動のやり方を教えることが多い教具ともなるからです。それは小学校以上の体育指導のミニチュア版になりやすい危険性もはらんでいるといえます。

しかし、ここでは1歳児が1歳児なりに、高いところから自分なりのやり方で降りる姿が記録されています。高い段差から降りるのが怖い子どもは立って飛び降りるのではなく、手をつきながら腹ばいになって恐る恐る降りていきます。それは、その子どもなりのチャレンジする姿を伝えているといえるでしょう。その記録が右の写真です。保育者のこれをよい、あるいは価値あるものとする、おもしろがるまなざしは、子どもが

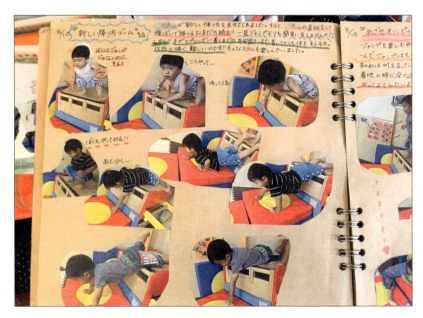

自分の考えに、行為に、自信をもつ、自己効力感を得ることにつながります。

　そして、そのまなざしは保育改善、環境構成を見直す際に、単なる物の置き方をどうするかというハウツーではなく、**子どもの意思や思い、発想をどのように生かすのかという保育改善、保育の質の向上を促す**のです。

※自己効力感…心理学者アルバード・バンデューラの唱えた、自分が実行できるという期待や自信を指す

3　子どもが変わる、学び手としての自分を意識する

　最後にヴィジブルな保育記録は子どものためにある、子どもによりよき学び手としての意識をつくることにつながることを明記しておきます。

　今まで、保育記録はどちらかというと保育者の保育改善や保護者への説明責任としての役割を果たすものとしてとらえられてきました。

　しかし、実は最も**大事なことは、それが"子ども自身のためにある"ということを忘れてはなりません。そして、文字を読めない子どもが認識できるという意味でヴィジブルな保育記録は重要**なのです。

　このようなヴィジブルな保育記録に先駆的に取り組んでいるのがニュージーランドで、その記録が「ラーニング・ストーリー（学びの物語）」と呼ばれています。これを中心となって進めてきたのがマーガレット・カーであり、彼女の著書『保育の場で子どもの学びをアセスメントする　「学びの物語」アプローチの理論と実践』（大宮勇雄・鈴木佐喜子 訳／ひとなる書房）に詳しく書かれています。

　このニュージーランドの保育記録、ラーニング・ストーリー（学びの物語）については P35 からのコラムで詳しく触れるとして、ここではマーガレット・カーのいう**「リ・ビジティング（保育記録の再訪問）」**について触れていきます。

　カーは、保育記録は書き残す、記録しておく、説明責任の証明とすることが大事なことではなく、その保育記録を子どもが見、保護者が見て、保育者が再び書いた記録を見る⇒再び訪問する「リ・ビジティング　RE VISITING（保育記録の再訪問）」することにより、子どもに「あなたってステキね」

とその**子どもの価値を認め、力づけ、勇気づけることが重要**であるといっています。

　では、なぜ、「リ・ビジティング（保育記録の再訪問）」による子どもの価値を認めことが重要なのか。それは、子どもが自分自身を価値ある存在、あるいは自分なりに努力している存在、言い換えれば、学びつつある存在、学び手としての自己意識を育てることに他ならないからです。

　アメリカの心理学者キャロル・ドゥエックはこのような自己意識を「**しなやかなマインドセット＝ growth mindset**」と呼んでいます。ドゥエックによると、人間は自分自身についてのある信念＝**心のあり方**（mindset）の産物によって規定されているといっています。その心のあり方、マインドセットは２つに分けられるのだといいます。

　１つは自分の能力は固定的で変わらないと信じている人⇒「硬直マインドセット＝ fixed mindset」の人。もう一方は、**自分の能力は努力次第で伸ばすことができると信じている人⇒「しなやかなマインドセット＝ growth mindset」の人**です。

　つまり、ここで育てようとしているのは後者の「しなやかなマインドセット＝ growth mindset」であり、このヴィジブルな保育記録はそれを育てることを可能にするといっても過言ではありません。

　次の写真は、保育記録の自分の姿を見て、子どもが自分のことを語っているものです。

　子どもは言葉が話せる１歳以上になると、自分の写真、自分の姿を見て、「この時、怖かった」あるいは、「これ、がんばった」などと語りだします。それは、このような写真による、ヴィジブルな保育記録であるからこそできることです。

　しかし、より重要なことは、その時の自分の姿を子ども自身が、再訪問、見ることができるようにしてあげることなのです。ドゥエックはしなやかなマインドセットを育む上で重要なこと

は、「子どものやった結果を褒めるのではなく、子どものやろうとしていること、努力していることを認めることだ」と述べています。

いずれにしても、ヴィジブルな保育記録が子ども自身の学び手意識を育てる上で必要不可欠なことだといえましょう。

　ヴィジブルな保育記録は、以下の図のように保育者、子ども、保護者の三者にとってよりよい循環を生み出すのです。

ヴィジブルな保育記録は世界を変える 関係図

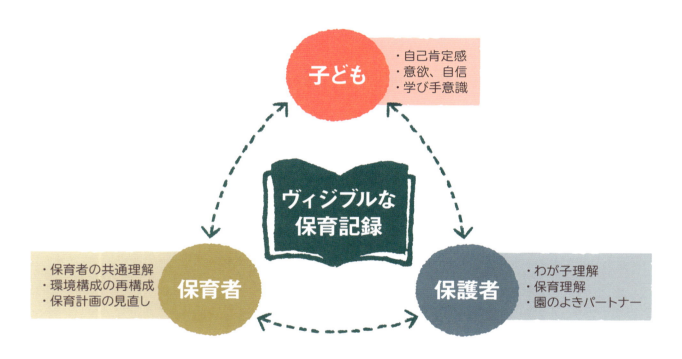

＜参考文献＞
・『保育の場で子どもの学びをアセスメントする』マーガレット・カー 著／ひとなる書房（2013）
・『マインドセット』キャロル・S・ドゥエック 著／草思社（2016）
・「階級と教育方法」B・バーンスティン（『教育と社会変動 上』J・カラベル、A・H・ハルゼー 編／東京大学出版会（1980）より）

保育現場での保育記録の現状と課題

　第1章では、保育者・子ども・保護者が喜ぶ保育記録として、「ヴィジブルな保育記録」の利点について述べてきましたが、ここでは、実際、現在の保育現場で作成されている保育記録の現状とその課題について触れておきたいと思います。

保育現場で作成されている記録とは

　現在、保育現場では多様な記録が書かれています。それらの記録はおおまかにいうと2つに大別されます。

　その1つは園全体の公式文書や、保育者が保育を計画するためのもの、子ども個人の成長を記録する、**園内部の記録**です・・・A

　もう1つは保護者や次の施設、小学校に向けての**外部向けの記録**です・・・B

Ⓐ 保育施設内部の記録

- （ア）日誌　業務日誌、保育日誌、行事日誌
- （イ）指導計画、保育計画
- （ウ）個人記録、児童票、個人票

Ⓑ 外部向けの記録

- （エ）おたより帳
- （オ）園だより、学年だより、クラスだより
- （カ）指導要録、保育要録
- （キ）園のホームページ、ブログ等

　次のページでは、【ある幼稚園における保育記録の現状と課題】についてのレポートを紹介します。

　保育現場の現状を今一度見直しながら、その課題について考えていきましょう。

【ある幼稚園における保育記録の現状と課題】

野津直樹

✏️ 保育記録の現状

保育現場では多岐にわたり、実にさまざまな記録を保育者は紡ぐ必要があります。ここでは筆者の経験にもとづいて、ある幼稚園での保育記録の現状を述べていこうと思います。

本稿では、その記録一つひとつを詳細に述べることを目的とはせず、これだけ多くの記録を保育者一人ひとりが担っていることをより多くの人に知ってもらうことを目的としながら、ある幼稚園の保育記録の現状を伝えていきたいと思います。ここで述べる保育記録の現状が、そのままその課題となり得ると考えています。

また、これらの記録を紡ぐ際に保育者一人ひとりにかかる仕事量、その大変さ、さらに同時にいくつもの記録を作成せざるを得ないといったその煩雑さも伝われば幸いです。

なお、以降に述べる事項はあくまで、"ある幼稚園"の現状を述べたものにすぎません。すべての保育現場で同じことがいえるとは限りませんので、ご注意ください。

❶ 保育日誌

各クラスがその日をどう過ごしていたかを保育者が毎日記録します。時間軸に沿って活動内容を記録し、さらには特筆すべき事項をいくつか記録していきます。

❷ 指導計画

教育課程を参照しながら、その幼稚園の願いをクラス担任がそれぞれ自分のクラスに適するように月案、そして週案へと落とし込んでいきます。また行事を担当する保育者は、その行事の指導計画を別途作成します。行事の本来の意味・由来をよくおさえた上で立案します。

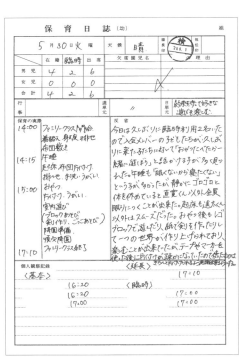

❸ 連絡帳

クラス担任が毎日、クラスの子どもの保護者との連絡帳に目を通します。その内容は、子どもの様子や体調はもちろん、幼稚園への要望まで、実に多岐に渡ります。また保護者からの手紙が連絡帳にはさんであることもあります。そういった手紙の返事も連絡帳とは別に作成する必要も生じます。

❹ 園だより

　園だよりを毎月発行しています。その月の1日1日に対して何を予定しているかを保護者に向けて発信します。それぞれについて必要な詳細（行事に必要な持ち物や制服登園・ジャージ登園の指示など）も記載します。その月に誕生日を迎える子どもの紹介やその月の子どもの様子をクラス担任がつぶやくコーナーもあります。

❺ 行事ごとの特別なお知らせ

　ファミリープレイデイと称して子どもの祖父母を招いて、その祖父母たちから伝承遊びを教わる行事を設けています。その様子を写真におさめ、A3判1枚にその写真をレイアウトして配布します。全保育者で百数十枚の写真からよりよいものを厳選します。

❻ ホームページ・ブログ等

　業者に委託しての作成とはなっているものの、その内容は全て保育者で担っています。毎月、更新すべき事項を原案として保育者が作成し、それを業者に提出しています。この作業には更新する写真の選定も含まれます。また、園のブログも開設しています。こちらの更新はほぼ毎日、保育者が行っています。

❼ 幼稚園幼児指導要録・「育てのしるべ」

　幼稚園には、学校教育法施行規則において指導要録の作成（保存も含む）が義務づけられていますので、クラス担任が受け持つ子ども一人ひとりの指導要録をまずは原案として作成。その後園長や主任が確認した上で清書を行います。また、保護者に対して「育てのしるべ」と称した書類をクラス担任が作成し、学期ごとに渡しています。「育てのしるべ」には子どもの出欠状況や園での様子などを記録しています。

❽ その他

　他にもさまざまな記録を保育者が作成するよう求められます。

＊外国籍の子どもに対する英訳した園だより、手紙など

＊子どもがケガをした時の事故記録

＊週に一度の「○○ちゃん情報」

＊年度替わりの担任変更の際、その引き継ぎのための「個人記録、支援ノート」　　　……など

✏️ 課題

　単純にあげただけでも ❶〜❽ まで、実に多くの記録を作成することが保育者には求められています。ここでは筆者が指摘する、これらの記録を作成するにあたっての保育現場における課題を、ある幼稚園の実践をもとに経験しながら感じたこととして述べていきます。

1 時間がない!

　多くの記録を作成するにあたって、保育者には常に時間が不足していることを実感してきました。この幼稚園においては 14 時に子どもの多くが降園するものの、2 便目のバスを待つ子どもや預かり保育を利用する子どもがその時間以降も幼稚園で過ごしています。その間も保育者は子どもと関わりながら園内外の清掃を行います。記録作成のための時間として確保できるのは、その後の園での打ち合わせが終了してからとなります（17 時以降がその時間となります）。保育者が自宅へ持って帰ってできる記録は持ち帰って作成し、そうでない記録は園内で作成します。

　なお、連絡帳についてはその日のうちに保護者へ返却することが求められるので、子どもが給食や弁当を食べている間などを利用して、かつ子どもの様子を注意深く見ながら、連絡帳に目を通し記載をします。連絡帳に記載されている内容によっては、園長や主任に相談する事項も出てきます。

2 記録が得意な保育者とそうではない保育者がいること

　記録を作成するにあたって、それを得意とする保育者は、前述の時間がないといった状況でも、比較的短時間で対応できますが、そうではない保育者は時間がない上に、時間がかかるといった二重苦に陥ってしまいます。人間には得手不得手があって当然です。

　さらに、記録には正直、保育者のセンス（色使いや写真の配置、読みやすい文字など）が問われます。センスがあろうがなかろうが筆者としてはその差異を保育者それぞれの趣としてとらえてきましたが、受け取る保護者としては、そうではないこともあります。「上手な先生、そうではない先生」ととらえられてしまう場合があるということを現実的な課題としてここに述べておきます。

　これが筆者の感じる保育記録の課題です。この本を手にしたあなたも、ひょっとしたら似たような課題を感じているかもしれません。そして、その課題とあなたなりに向き合いながら葛藤することこそ、保育者としても、保育記録を作成する上においても成長できると信じています。

　蛇足ですが、この本を手にした時点であなたは成長するきっかけを得ています。この本にあふれる保育記録のアイディアをほんの少しでもあなたのものにしていってください。

ヴィジブルな保育記録に集約して効果的に活用しよう

【ある幼稚園における保育記録の現状と課題】で述べられたように、保育者はさまざまな記録を記入するために、相当な時間を費やしています。また、これらの事務量が負担になっているのも事実といえましょう。なぜなら、保育者はこれらの記録の仕事以外に、日々の保育の準備、保育環境の整備・清掃、行事の計画・準備、学年・園全体の打ち合わせ・会議、保護者対応、教材の購入、実習生の対応、園内外の研修への参加など、現実にはさまざまなことに時間を使っています。

したがって、保育現場における記録は単なる説明責任や、何らかの証拠として残されるだけのものではなく、次に生きる、あるいは保護者がその記録を必要とする、納得する、待ち望むものでなければ、多様に保育活動を記録しようとも、そのほとんどが効果的ではなく、死蔵されるものとなり、保育者が時間をかけた割に効果が薄いものとなってしまいます。

では、本当に必要とされる記録とはどのようなものでしょうか。また、効果的に活用するためには、どのような方法が可能なのでしょうか。

まずは、効果的に記録を残し、活用するという観点から、保育記録に優先順位をつけ精選し、集約化、統廃合する必要があります。そうでなければ、事務量は年々増え続けるだけだからです。

したがって、どうしてもやらなければならない指導要録、保育要録など、公的なものは削ることはできません。

一方で、個人記録や学年だより、クラスだより、園のホームページ、ブログ等は本書で提案している「ヴィジブルな保育記録」で集約化し、それをもって活用できる、仕事量の軽減につながるものになるのではないでしょうか。

それに加え、このヴィジブルな保育記録は保護者に子どもの成長をわかりやすくダイレクトに伝え、園に対する信頼や子ども理解を促すという効果が期待できます。あるいは、このヴィジブルな保育記録を通して、自分の保育がおもしろくなり、プラスのスパイラルが働き、園全体の保育の質の向上にもつながります。さらに、この保育記録は要録をまとめる際にも、効果を発揮します。

具体的には、次章で紹介されるニュージーランドのラーニング・ストーリーの事例や、第3章で紹介されている保育現場でのさまざまな事例が役に立つでしょう。ぜひ、参考にしてチャレンジしてみてください。

第2章

子どものステキを記録しよう

佐藤康富

みなさんは子どもの"ステキ"をどのように感じていますか？
記録をしていくうえで大切なことは
その子がやろうとしていること、その子らしさを認めていくことです。
この章では、ニュージーランドの「ラーニング・ストーリー」で実践されている
子どもをとらえる5つの視点を参考にして、
日本の保育環境における「子どもが肯定的に見えてくる」7つの視点と、
子どもの"ステキ"をヴィジブルな保育記録におさめるポイントを紹介します。

1 何を記録するのか

子どもの "ステキ" を感じることが大事 〜 Find the magic

子どもの何を記録したらよいのか？

大事なことは記録する保育者や保護者が**子どものステキなところ、心動かされたところ、子どもの魅力を記録すること**にほかなりません。義務で書くのではなく、その子どものステキさをとらえる目が重要です。

右の写真は
子どものどんなことを
表しているのでしょうか。

どんなステキさを
とらえたものでしょうか。

この写真を記録した人は、保育記録に『○○君のやり抜く心』というタイトルをつけました。この5歳の男の子は目の前にある積み木をしていました。彼は、その作り方のパターンが書いてあるパンフレットを見ながら作っていたのです。彼に言わせると、このパンフレットに載っている積み木のパターンは3つに分かれるそうです。その3つとは "超ムズ"、"まあまあムズ"、"簡単" です。もちろん、"超ムズ" というのは超難しい、難易度が最高に高いものを表した言葉です。

彼はまず、最高レベルに難しい超ムズのものにチャレンジしました。しかし、なかなかうまくいかず、20分ぐらい格闘しましたが、自分の思い通りにいきませんでした。彼はそこで諦めず、自分なりに方向を変え、難易度の一番やさしいものから作りだしました。

結果としては、うまくできなかったのですが、彼なりに努力しているところは、英語でいう "Grit（グリット）＝やり抜く力、くじけない力" という非認知能力が育っているといえるのではないでしょうか。

　ここで**記録していく上で大事なことは、結果の善しあしではなく、その子どもがやろうとしていること、努力していることです**。それを認めていくことが、第1章で述べた「しなやかなマインドセット」（P15）を育てることになるのです。

2 子どものステキは成長のあかし

その子どもらしさ、生きたあかし

　みなさんは滋賀県にある『やまなみ工房』という一人ひとりの興味や関心のある活動を中心に創作を行う、障がい者の福祉施設をご存知でしょうか。あるテレビ番組でこの施設が紹介され、筆者はこの施設に衝撃と感動を覚えました。この番組では、この施設で生きる幾人かの障がい者が紹介されました。ここでは印象的であった2人の方について書きます。

　一人は極度のパニック障がいをもつAさんで、集団のなかにいるとパニックを起こすので、そのような時はAさんを連れ出して、ドライブに連れて行くと落ち着くとのことでした。ある日、いつものようにAさんをドライブに連れて行っている時、Aさんの特別な行動に目が留まったそうです。Aさんはトラックが通り過ぎる時だけはそれを凝視していたことに施設の人は気づきました。ドライブから帰ってきて、Aさんに「トラックを描いてみない？」と誘ったところ、せきを切ったようにすばらしい絵を描きだしました。今までは"面倒をみなくては"という対象であったAさんが、Aさんらしさを発揮した場面であったといえるでしょう。

　このことは子どもに例えれば、子どもがもっている興味・関心を引き出すことが、その子どもの能力を開花させることにつながるといえましょう。

　もう一人のBさんは特別なアート作品を生み出す人ではありません。Bさんはただただ、寝ている時以外は四六時中、インスタントラーメンの袋を片時も離さず見つめています。Bさんは散歩の時も、食事の時もラーメンの袋を離さず、見つめています。そして、袋がクシャクシャになると手放し、また、新しいラーメンの袋を握りしめて見つめます。そんなBさんが手放したラーメンの袋を施設では保管していて、それに日付をつけ、Bさんの生きた歴史として、生きたあかしとして大事にしています。

　この施設ではアートを生み出すことが重要なのではなく、それぞれが自分らしく生きることを大切にしているのです。この本で述べている**ヴィジブルな保育記録**も、いわば子ども一人ひとりの生きたあかしといえます。

子どもが生きたあかしとしての保育記録

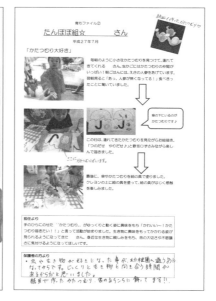

宮前幼稚園（左）と平塚市立土屋幼稚園（右）のヴィジブルな保育記録（詳細は P39）

　ヴィジブルな保育記録は、その子どもの生きたあかしがファイリングされ、いつでも振り返れる、訪れることができる、ことが重要です。

　ヴィジブルな保育記録には以下の２つのタイプがあります。

A　個人の成長を記録したもの。これは**ポートフォリオ**と呼ばれています。

B　遊びや活動を記録したもの。これは**ドキュメンテーション**と呼ばれています。

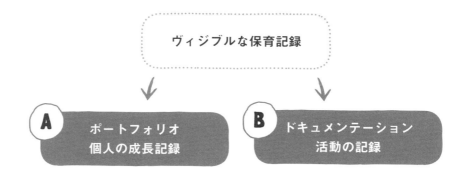

　次に個人の成長を記録する視点について、具体的に述べていきます。

3 子どものステキをとらえる レンズの視点

　ここでは具体的な視点として、このヴィジブルな保育記録のもととなっている**「ラーニング・ストーリー（学びの物語）」**（P35）**の視点**から話を始めていきましょう。

　ニュージーランドの「ラーニング・ストーリー」では、子どものステキをとらえる視点として、以下の5つの点が示されています。

①関心をもつ　②熱中する　③困難ややったことがないことに立ち向かう
④他者とコミュニケーションをはかる　⑤自ら責任を担う

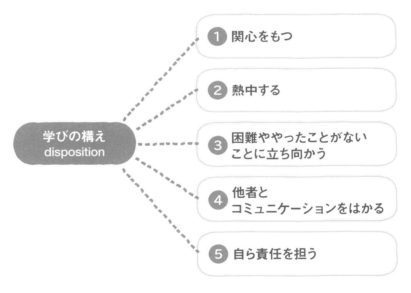

　これら5つのうちでわかりづらいのが、③④⑤でしょう。

　③の「困難ややったことがないことに立ち向かう」とは子どもがチャレンジしていることを見ていくことです。P24で難しい積み木に取り組んでいた子どもの姿はこれにあたるでしょう。

　④の「他者とコミュニケーションをはかる」とは、子どもなりの表現、やり方を試みている姿です。

　⑤の「自ら責任を担う」とは友達のことを気遣う、手助けする。友達と一緒に協同して遊びや活動を進めることがこの意味です。

　しかしながら、これらの視点は子どもの姿に1つだけの視点が対応しているわけではなく、重なりあっていることがしばしば見られます。そしてこれらは子どもが「学びへ向かう構え(disposition)、取り組む姿勢・心の傾向」、別な言葉でいえば、「マインドセット」をつくっています。

　これらの視点はニュージーランドのラーニング・ストーリーが示しているものですが、実は「テファリキ」（P36）いうニュージーランドのカリキュラムと連動して組み立てられています。

したがって、日本でこの視点をそのまま活用するのは無理があるので、この5つにあと2つを加えて、7つの視点で見ていくことを提案します。

　その2つとは **「安心・安定」** と **「学びを深める」** です。

　「安心・安定」 は "居場所がある、ここに居ると、この人と居ると精神的に安定する" という、子どもが活動を始める出発点です。保育所保育指針では「養護」という言葉で表されていますし、幼稚園教育要領でも、「安定した情緒のもとで」と表現されています。

　「学びを深める」 は③「困難〜」や④「他者とコミュニケーション〜」、⑤「自ら責任を担う」とも関連してきますが、子どもが遊びを、活動を深めていく様、子どもが子どもなりの考えや仮説で、周囲の世界を探索し、考え、探究していくことが「よりよい学び手」を育んでいくのです。

　つまり、子どものよさや可能性を見ていく視点として、7つは下の図のように整理されます。

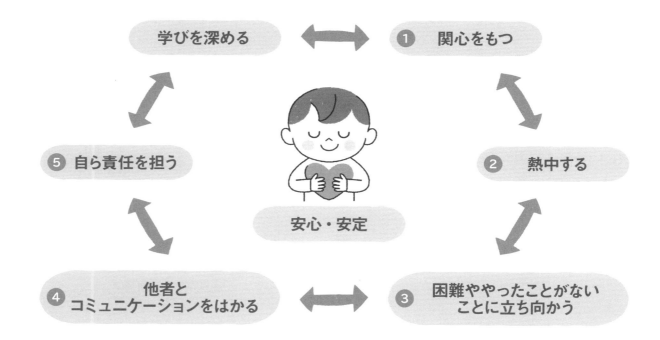

日本のカリキュラムでは

<u>育てたい人間像ともこれらの視点は重なっている</u>

　最後に前述の７つの視点が日本のカリキュラムとどのような整合性があるのか述べていきます。

　平成３０年４月１日施行の幼稚園教育要領／保育所保育指針／幼保連携型認定こども園教育・保育要領は小学校以上の教育と連続性を持っています。小学校以上の教育では【育成すべき資質・能力】の３つの柱が示されています。それは以下の３つです。

ア「知識・技能の基礎」（遊びや生活のなかで、豊かな体験を通じて、何を感じたり、何に気づいたり、何がわかったり、何ができるようになるのか）

イ「思考力・判断力・表現力等の基礎」（遊びや生活のなかで、気づいたこと、できるようになったことなども使いながら、どう考えたり、試したり、工夫したり、表現したりするか）

ウ「学びへ向かう力・人間性等」（心情、意欲、態度が育つなかで、いかによりよい生活を営むか）

　これらの３つの柱と７つの視点の関連は、以下の図のようになります。

　しかし、これは便宜上、分類したところもあり、これらの視点は複合して表れるものであり、連続したものととらえることが重要です。

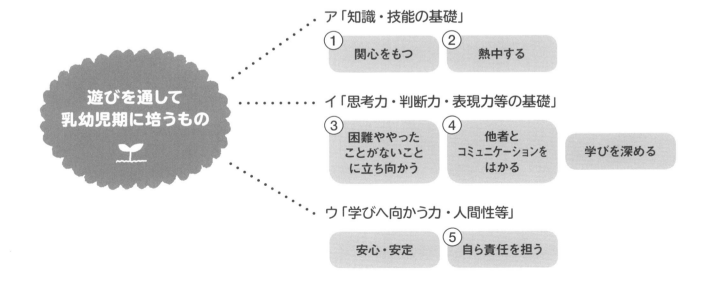

5 子どもの「今、ここにある生活を大切にすること」から

７つの視点から「子どもが肯定的に見える」ことへの転換

　前ページのような３つの柱との整合性を考えると、小学校以上の成長に子どもの姿を合わせがちになることがあります。しかし、**ここで大事なことは、小学校以上が育てたいと思っている資質・能力に子どもを引き上げることではありません。**また、少しでも早く、子どもをそのような姿にすることでもありません。

　とくに、ニュージーランドの保育で重要視しているのが、子どもの「今、ここにある生活」です。それは、わが国の幼児教育の基礎を作った倉橋惣三のいう、子どもの「さながらの生活」と同様のことといえるでしょう。

　少し理論的に説明すると、アメリカの発達心理学者ユリー・ブロンフェンブレンナーは「人の発達は個人から周りの生態・環境へ拡大していくものだ」と説明しました。つまり、子どもの"今ここ"が次第に次なる環境へ徐々に拡大していくもので、先の発達に今を合わせることではないのです。

　それを下記の図で説明すると次のようになります。

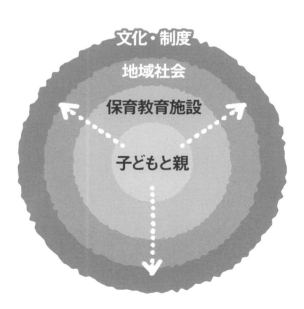

文化・制度
地域社会
保育教育施設
子どもと親

　そして、この**「子どもの今ここにある生活」を大切にする、それを見る視点**として、前述の７つは大事なものといえるでしょう。これらの視点は、単に保育記録を書くためだけの視点ではないのです。

　たとえば、第１章で紹介した人形に薬を飲ませていた子どもの記録（P11）がありましたが、それは単に子どもが集中している、人形とのやり取りを楽しんでいるだけではありません。そのような他者に対する優しさ、気持ちの芽生えは、さらに周囲の友達や人、そして、文化も言語も違う人と関わる、関係性の基礎を育む気持ちの根っこ、核となっているのです。そういう子どもの今の姿がステージ、環境の広がりを越えて成長していくのです。

　また、**この７つの視点は「子どもが肯定的に見えてくる」大切な視点**でもあります。

　ここで、困った子として見られていたS君の事例を紹介しましょう。

　ある園での出来事です。4月に年中組に入ってきたS君は気が散漫で、クラスでの朝の会や帰りの会では、みんなと一緒に集まることができず、フラフラしていることが多い子どもでした。6月になっても、生活に落ち着きをみせるどころか、多動気味で、落ち着いて座っている子どもたちにも悪い影響を及ぼしていました。

　担任の先生も、S君の対応に困っていました。そんな時、担任以外の先生方も交えて、S君のことを話し合う機会がありました。

　そこで、ある先生がこの7つの視点を用いて、「S君は何に関心があるのだろう?」と問いかけました。すると、担任からも、主任の先生からも、「S君は電車に興味をもっているよね」という声が上がり、S君の興味ある電車の遊びを保育室に作ろうということになりました。

　いろいろ工夫して、S君が自分で動かせる電車遊びのコーナーを設定しましたが、うまくいきませんでした。しかし、S君がバスに興味があることもわかり、段ボールを利用してS君が乗れるバスを作ったところ、これには大いに興味を示し、S君は早速段ボールバスに乗ると運転手になりご満悦。その後、ホールにバス停や路線ができ、他の子どももお客さんとしてバスに乗り、他の子どもとも交流するようになりました。

　同時に、この遊びがS君の居場所となり、生活全体に落ち着きが生まれました。このようなことから、当初S君は困った子として見られていたのが、自分から遊びを進め、友達と交わりをもつ子として肯定的に見られるようになったのです。

　つまり、この7つの視点は大人側の視点ではなく、子どもの視点ということがいえましょう。

　大人目線ではない、子ども目線からのアプローチが、子どもは自分からやろうとしている、学ぼうとしているという「肯定的な見方」へと転換していく契機になるのです。

6 具体的な記録作りのステップ

ここでは、具体的にどのようにステキを記録し、保育記録としていくのか、その流れを見ていきましょう。

1．子どものステキな場面、心動かされたシーンを写真に撮る

　最初はデジタルカメラを肩から、あるいはすぐ取り出せるところに身につけ、心を動かされた場面をパシャパシャと撮りましょう。**初めは思ったようにうまく撮れなくても、撮りためることが大事です。**記念写真ではないので、その子らしさ、その子に心を動かされた場面を撮ることが重要です。

2．写真を選び、コメントをつける

　パシャパシャ撮った写真の中から、その子どもが集中して遊んでいた場面や何かにチャレンジしていた場面、他の子や人に優しくしていたり、気遣っていたりした場面を1、2枚選び、それにコメントをつけます。コメントは長くなくても、写真が多くのことを物語ります。何を伝えたいか、タイトルをつけるとよいでしょう。また、一人ひとりを簡単に記録するフォーマットを作っておくと作業が楽になります。第3章で紹介する事例や付録フォーマット例（P106）を参考にしてください。

3．保育記録を他者と共有（保育者同士と、保護者と）

　自分なりにヴィジブルな保育記録を作成したら、他の保育者に見てもらう、口頭でコメントや意見をもらうとよいでしょう。なぜならば、いろいろな見方ができ、子どもへの理解が深まるからです。また、自分の知らない子どもの姿を発見する機会にもなります。重要なことは、その過程で子どもを見る目が磨かれることです。保育記録を保護者と共有する際は、保護者がコメントを書く欄を設けましょう。ヴィジブルな保育記録で重要なことは保育者側の自己満足、一方的発信ではなく、双方向であることです。そして、リ・ビジィティング（保育記録の再訪問）（P14）すること。保護者が、子どもが、記録を見て、わが子の、自分のよさを認識することです。

4．保育記録のファイリング（いつでも振り返れる）

　最初は子ども一人1枚の保育記録のピースが、1年間通して蓄積され、その子どもの歩みが目に見える形で残せます。**1冊のファイルに入れ、貯めておくと、その子のアルバム、成長の記録ができあがります。**それは文字通り、その**子どもの生きたあかし**です。そして、ファイリングしてあると、ビデオと違い、すぐ見ること、振り返ることができるということです。

1	ステキな場面、心動かされたシーンを写真に撮る
2	写真を選び、コメントをつける
3	保育記録を他者と共有（保育者同士と、保護者と）
4	保育記録のファイリング（いつでも振り返れる）

7 ヴィジブルな保育記録を可能にする条件

最後に、ヴィジブルな保育記録を可能にするために考えておかなければならないことについて述べておきます。

✽ ヴィジブルな保育記録発信への共通理解

まずはじめに、保育者同士がこのような保育記録について理解を深め、発信していこう、取り組んでいこう、チャレンジしていこうとする**共通理解**がなければこのような保育記録は可能になりません。同時に、共通理解だけではなく、以下のような物理的、環境的条件もそろうことが必須です。

✽ 保育記録の効率化

よいことをやれば効果的なことは、みなさん百も承知でしょう。しかし、二の足を踏むのは、それによって仕事量が雪だるま式に増えるからです。これではどんなによいことであっても長続きしません。そこで、もし、このようなヴィジブルな保育記録に取り組むのであれば、今までやってきた保育記録を見直し、今までの個人記録や個人面談の資料もこのヴィジブルな保育記録に集約するなど、**仕事を簡略化、集約化する工夫が求められます**。具体的なアイディアは、第3章の各園の事例や取り組み内容を参考にしてください。

✻ 保育記録作成の時間の確保

　保育記録を作成する際は、保育者が一緒に作業する時間を決め、共通認識を図るとよいでしょう。たとえば、木曜日の3時から5時まで2時間、など。なぜならば、保育者が一斉にそれに取り組むことにより、**やらなければいけないという個人的心理的負担が軽減される**こと、また、一緒にやるからこそ、その時感じたことや疑問、喜びを共有できるからです。ニュージーランドでは、"ノン・コンタクトタイム"といって、保育記録を作成する時間が園で確保されています。つまり、子どもと接する（保育する）時間から離れ、この作業に集中するためです。

✻ 保育者みんなで子どもを理解する眼を深めるカンファレンス

　誰しもはじめはどのようなことを記録に書いたらよいか迷うものです。自分が作成した記録を持ち寄り、互いに見合いながら、感想や意見を述べ、子どもに対する見方や記入の仕方を深めていくとよいでしょう。

　記録は作成して終わりではなく、保育者同士のカンファレンスを通して子どもを見るレンズを磨くことが大切です。また、このように保育者みんなで共有する時間を確保することが重要です。

✻ 一人1台の撮影媒体の確保

　これは金銭的なことにもなりますが、やはり一人1台デジタルカメラを持つことが理想です。この瞬間を残しておきたいと思っても、クラスに1台では使い勝手が悪く、続けられない理由になってしまいます。**園での予算組みが必要**です。

✻ 保護者の理解（個人情報保護も含め）

　最後に、このような取り組みに対する保護者の理解を得ることも大切です。ヴィジブルな保育記録をどのような形で発信していくのか、家庭ではどのような視点で見てもらいたいかを伝え、理解を得ましょう。

　また、写真を使用するので、個人の肖像権の観点から、個人情報の取り扱いについて説明し、納得、承諾を得ることが重要です。

　これらの条件をクリアして取り組むならば、必ず、子ども・保護者・園とのよいスパイラル、好循環が生まれることは間違いありません。

ニュージーランドの保育制度とラーニング・ストーリー

✏ 1. ニュージーランドの保育制度と保育環境

　ニュージーランドの保育カリキュラム（テファリキ）は、ＯＥＣＤ（経済協力開発機構）が2004年に紹介した「5つのカリキュラムの概要」の1つとして取り上げられ、世界的に評価されています。

　ニュージーランドは、幼保一元化を実現しており、さまざまな保育機関が教育省の管轄下に統合され、包括的な就学前保育制度を整えました（表1）。そして、保育環境、統一的なカリキュラムである「テファリキ」、評価プログラムである「ラーニング・ストーリー」が一体的に機能しています。その点が画期的だと認められるゆえんです。

　多様な保育機関があるなかでも、ニュージーランドに特徴的なのは、プレイセンターという存在です。表1で示したとおり、これは、子どもの家族が主体となって教育プログラムを管理・実施する保育機関です。教育者としての親の価値を重視し、親に対する教育も公的な制度のもとに実施されています。家族が子どもの能力を理解し、学習の場に参画することが子どもの可能性を引き出すと考えられているのです。

免許必須	施設型サービス	教育・保育センター (Education and Care Centre)	＊対象：出生後から学齢期までの子ども　＊セッション型（午前／午後の4時間以内） ＊全日型／自由時間型のプログラム　＊非営利団体／営利企業運営（私立）
		幼稚園 (Kindergarten)	＊New Zealand Kindergartens Incorporated（NZKI）または 　New Zealand Federation of Free Kindergartens に属する教師主導の乳幼児教育サービス ＊主に3・4歳児を対象としたセッション型プログラム
		プレイセンター (Playcentre)	＊New Zealand Playcentre Federation Incorporated 加盟の協会に属する乳幼児教育サービス ＊4時間のセッション型プログラム　＊子どもの家族が主体となって教育プログラムを管理・実施 ＊プレイセンター協会認定の資格を有するスーパーバイザーが活動に参加　＊数名の親が保育に参加
		コハンガ・レオ (Te Kōhanga Reo)	＊Te Kōhanga Reo Trust が運営する乳幼児サービス　＊対象：出生後から学齢期までの子ども ＊創設目的：マオリの言語・文化・価値観を次世代に伝え残していくこと　＊保育はマオリ語 ＊プログラムもマオリの文化に根ざしたもの
	非施設型サービス	家庭的保育サービス (Home-based Service)	＊保育者／教育者の家または子ども自身の家で、少数の子どもに乳幼児教育を行うサービス ＊乳幼児教育教員資格を有するコーディネーターが1か月に1回以上訪問するなど、監督 ＊1人の保育者につき最大4名まで ＊1人のコーディネーターが1つのネットワークで管理できる子どもは最大80名
		院内保育サービス (Hospital-based Service)	＊入院中の乳幼児を対象にしたサービス ＊外遊びのための場所の確保が免除
		通信制学校 (Correspondence School)	＊対象：地理的、医学的要因などによって学校に通えない子ども ＊家庭での学習機会を提供する国立大学　＊乳幼児教育から成人教育まで
免許免除		プレイグループ (Playgroup)	＊コミュニティを基盤にした親と就学前の子どものグループ ＊1週間に1〜3回、各4時間まで
		太平洋諸島乳幼児グループ (Pacific Islands Early Childhood Group)	＊目的：太平洋諸島の文化と言語を就学前の子どもに伝えること ＊親の参加
		プナ・コフンガフンガ (Ng Puna Kōhungahunga)	＊マオリの文化に即した保育を行っているコミュニティを基盤にしたグループ

表1　ニュージーランドの乳幼児教育サービス（松井・瓜生（2010）を元に作成）

2. テファリキについて

ニュージーランドの多様な保育機関では、「テファリキ（Te Whāriki）」と呼ばれる、統一的なカリキュラムにもとづいて保育が行われています。「テファリキ」とは、マオリ語で、「織敷物」という意味です。ニュージーランドは、人口（2013）の74％がイギリス系白人、14.9％がマオリ、11.8％がアジア系、7.4％が太平洋諸島系という多民族国家です。

マオリの文化には、「ホリスティック」、つまり、包括的な考え方があるとされています（岡花、2015）。ホリスティックとは、全体性もしくは相対的なものという意味です。マオリでは、自然と人間を分けることを教えないそうです。人間発達そのものもホリスティックなさまざまな網の目、社会的なつながりの中で変容していくと理解されているからです。

原理	エンパワメント（Empowerment）	カリキュラムは、子どもが学び、成長するための力となる
	全人格的発達（Holistic Development）	カリキュラムは、子どもが学び、成長している全人格的方法を考慮に入れる
	家族と地域（Family & Community）	家庭や地域は、カリキュラムに不可欠な一部分である
	関係（Relationship）	子どもたちは、人や場所、ものとの応答的で相互的な関係を通して学んでいる
要素	幸福（Well-being）	子どもの健康と幸福が守られ育まれる
	所属感（Belonging）	子どもたちとその家族は何かの一員としての所属感を実感できる
	貢献（Contribution）	子どもたちは公平な学びの機会があり、一人ひとりの貢献は尊重される
	コミュニケーション（Communication）	自身の文化、他の文化が培ってきた言語やシンボルが守られ、尊重される
	探求（Exploration）	子どもは能動的に環境を探求することを通して学ぶ

表2 「テファリキ」における4本の原理糸（The principles）と5本の要素糸（The strands）

こういった背景のもと、テファリキは、徹底した二分化併用主義をとり、従来の発達観とは異なる包括的なものとなっています。具体的には、4本の原理糸（The principles）と5本の要素糸 (The strands) から成り立っています (表2）。これは、幼い子どもの発達と学びに関与するすべての人、たとえば、両親、就学前教師、ステークホルダーなど、すべての人のために存在するものです。この考え方は、社会文化的アプローチもしくは社会文化的理論、そして、生態学的アプローチというものに理論的根拠をおいています。

社会文化的アプローチは、社会と文化の側面から子どもの発達をとらえようとするものです（ワーチ，J．,1995）。ロシアの心理学者ヴィゴツキーは、人間の思考や読み書き、記憶や推論などの認知的機能が文化的に発明された道具や様式によってどのように統制されているのかということを明らかにし、人間の認知的機能が文化的なものであることを指摘しています。人間は、多様な文脈のなかで生きており、そのコミュニティの価値や精神性から独立して生きていくことはできません。ヴィゴツキーの提唱した「発達の最近接領域」の考え方は、子どもが年長者との関わりのなかで一緒に共同プロジェクトに取り組むというマオリの教育形態と重なります。人間の発達や保育といった営みは、社会的文化的文脈から切り離すことができないものであり、その文脈を含み込んだ影響関係から理解されなければなりません（岡花、2015）。

さらに、アメリカの発達心理学者ブロンフェンブレンナーの生態学的アプローチは、ニュージーランドの保育を支えるコミュニティについての理論的基盤になっています。この考え方は、子どもと家族、保育施設と家庭、家庭と社会などの関連のなかで子どもの発達をとらえようとします。発達の主体としての子どもは、各システム

において受動的に影響を受けるだけの存在ではありません。相互に影響を及ぼしあって発展していくのです。

3. ラーニング・ストーリー

　ラーニング・ストーリーは、子どもの成長を1つの物語としてとらえることで、全体的な観点から子どもの成長や発達をとらえようとするものです。子どもの経験が1つの物語として、写真などとともに、ありのままに記録されています。ニュージーランドで実施されており、マーガレット・カーを中心に開発されました。

　ラーニング・ストーリーは、子ども自身がもっている学ぶ力と可能性への信頼を基盤とし、保育者や保護者が、「子どもが肯定的に見えるようになるための」視点を培う方法でもあります。

　カー（2001）は、具体的に　**①関心をもつ　②熱中する　③困難ややったことのないことに立ち向かう④他者とコミュニケーションをはかる　⑤自ら責任を担う**　という5つの視点を示しています。

　これらは、子どもが生涯にわたってさまざまなことを学び、習得していく意欲や姿勢を培っている場面であり、子どもが環境や人との相互作用のなかで何かに関心を抱き、より深く関わろうとして自ら取り組んだり、参加したりしている場面です（島津、2012）。カー（2001）は、環境や人との相互作用を通して、社会参加の過程を辿ることが子どもの育ちをとらえていることであると言っています。保育者は、ラーニング・ストーリーを作成することによって、より注意深く子どもを観察し、子どもの話していることを聞くように心がけるようになります。そうすることで、子どもの今の姿が可視化でき、子どもの育ちを実感できるのです。ニュージーランドでは、保育者には、保育実践の時間と別に、観察する時間とラーニング・ストーリーを作成する時間（ノン・コンタクトタイム：記録に集中し作成する時間）がとられています。それだけ、保育のなかで、ラーニング・ストーリーが重要視されているということでしょう。

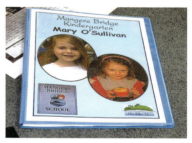

　ラーニング・ストーリーの作成に関しては、特に決まった様式はありません。対象とする子どもや場面を決定したら、前述の5つの視点のどれが当てはまるかを示し、画像や文章を組み立て、振り返りを行い、次の手立てを決め、保育に還元することができれば、レイアウトはある程度自由であり、保育者のセンスにある程度任されています。

　ラーニング・ストーリーは、ニュージーランドでは、個人ごとにファイル化され、保育室に置かれています。よって、いつでも見たい時に保護者

上：ファイリングされたメアリーのラーニング・ストーリーの表紙。入園した時と卒園する時の写真が並べられている。
下：他の子を思いやって助けている姿を記録したサムのラーニング・ストーリー。

も見ることができます。保護者は、見るだけでなく、コメントや感想を記述することもできます。家庭での様子と比較したり、発達の様子を思い出したり、自由に書き加えることができるのです。保護者の視点という別の視点が加わることで、保育者にとっても、保護者にとっても子ども理解が深まることになります。

　さらに、ラーニング・ストーリーは、記載されている子ども自身が見たり、作成に参加したりすることもできます。保育者が撮影した写真や、子どもが描いた絵や制作した作品などを取り入れ、子ども自身の感想やコメントを保育者が記載し、ラーニング・ストーリーを作成することもあります。子ども自身がファイリングされた自分のラーニング・ストーリーを見ることで、自らの成長を感じることもできます。これをカーは、リ・ビジティング（記録の再訪問）として大切な行為としました。また、保育施設で作成されたラーニング・ストーリーは、小学校へ受け継がれることもあります。

4. 日本での保育記録の活用について

　日本では、幼稚園・保育所、幼保連携型認定こども園という就学前施設が存在しています。それぞれの施設で子どもの育ちを記録する「要録」が作成され、小学校への申し送りが行われています。

　もし、ラーニング・ストーリーを現行のまま日本に取り入れるとしたら、子どもの育ちの記録を二重に行うことになり、保育者の負担が増えることになります。保育者一人あたりの子どもの数も、日本とニュージーランドでは大幅に異なります。しかし、評価の可視化という点で、ラーニング・ストーリーは優れています。保育の質の向上、そして、家庭との連携ということを考える時、ラーニング・ストーリーは有効な記録方法であり、評価方法であり、学ぶべき点があるといえるのではないでしょうか。

＜参考文献＞
・Margaret Carr（2001）『Assessment in Early Childhood Settings Learning Stories』SAGE Publishing
・橋川喜美代（2012）『テ・ファリキとラーニング・ストーリーから実践記録を読み解く』鳴門教育大学研究紀要
・泉千勢・三ッ石行宏（2007）『世界の保育カリキュラム(1) 経験による教育(ベルギー)：ウェルビーイングと介入を通した効果的な学習　テ・ファリキ（ニュージーランド）：万人が拠り所とする織敷物』（OECD『5つの保育カリキュラムの概要』2004 より）社會問題研究、大阪府立大学
・松井由佳・瓜生淑子（2010）『ニュージーランドにおける乳幼児保育制度　幼保一元化のもとでの現状とそこからの示唆』奈良教育大学紀要
・七木田敦・ジュディス・ダンカン（2015）『「子育て先進国」ニュージーランドの保育　歴史と文化が紡ぐ家族支援と幼児教育』福村出版
・七木田敦・ジュディス・ダンカン（2015）『「子育て先進国」 ニュージーランドの保育：第2章　ニュージーランドの保育と発展を支える理論ー文化と発達をめぐるストラテジー（岡花祈一郎）』福村出版
・島津礼子（2012）『ニュージーランドプレイセンターの特質と課題：Parental Involvement の視点から』広島大学大学院教育学研究科紀要
・佐藤康富・小泉裕子・原孝成・大野和男・森本壽子・上田陽子（2017）『幼児の学びをアセスメントするための指標構築に関する研究』鎌倉女子大学学術研究所所報
・内海緒香（2017）『5つの保育カリキュラムと OECD 保育白書の議論：カリキュラム策定への示唆』お茶の水女子大学人文科学研究

ヴィジブルな保育記録の実践例

ポートフォリオやドキュメンテーションなど、
ヴィジブルな保育記録を実践している5つの園の実践報告を紹介します。
ヴィジブルな保育記録を保育に取り入れたきっかけや実践のポイント、
そのメリットなど、各園それぞれの取り組みをぜひ参考にしてください。
それぞれの園において、保育者・子ども・保護者に学びや変化があり、
保育の質の向上につながっている様子がうかがえます。

宮前幼稚園が取り組んでいる「ポートフォリオ」のコンセプトは、≪子ども・保護者・保育者にとって嬉しい記録≫であり、そこから生まれる【対話】を大切にすること。記録の対象は日によってさまざまです。ここでは、個人と集団（友達関係）に焦点をあてたものを紹介します。

➡ 詳細は P49

宮前幼稚園

ポートフォリオ

個人に焦点をあてた日

6がつ15にち
はるとの
バンバン

割りばし鉄砲であそぶことが大好きなはるとくん。
"よくとぶ"ということに着目し、様々な鉄砲を作ることも楽しんでいます。
友だちも、うらやむ、はるとくんの鉄砲あそびを大紹介!!!

友だちと一緒にあそぶ楽しさも☺

オリジナルの鉄砲を友だちと一緒に作り、カプラをまと（的）にして、勝負を楽しんでいます。
友だちと一緒に得点を決めながら、高得点を目指していました。

☺ カプラ同好会も楽しんでました!

改良に改良をかさねています!!!

紙バージョン

わりばしバージョン

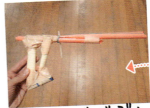
紙×わりばしバージョン

何度も何度も改良し、丈夫で、よくとぶ、強い鉄砲を、こだわりをもって作っています。輪ごむの使い方や、テープの貼り方など、技術も難しいですが、集中力も使い、見事な鉄砲を作り上げます!
ぽぷら

Point

必要最低限の情報を掲載し、あとはコミュニケーションで補足。子ども・保護者・保育者の【対話のきっかけ】になることを目的にしている。

★ 一人ひとりが輝いていたポートフォリオを学期ごとに個人ファイルにまとめ、保護者からのメッセージとともに卒園時にプレゼント。

Point

これまでに製作した作品を掲載。作品を通して工夫の足跡が見て取れる。

11月10日（木） みかん

「大好きだから、やっぱり乗っていいよー！」

はじめは…「この海賊船は
男の子しかのれないんですー！」と
言いながら 操縦していた けいたろうくん。

にこにこ
りんちゃんがやってきて「のせてよー‼」

「いいじゃんかー！」

「一緒にのりたいんだよーー‼」

キャー
まよっちゃうー！やっぱり
どうしょっかなー‼

けいたろうくん
だいすきー‼

何度も何度も
2人で だいすきコールをしていましたよ★

りんちゃーん
だいすきー‼

のっていーいよー‼

一緒に追いかけっこをしたり一緒に遊ぶことの
多い2人

こーんなに かわいいやりとりを
していました

Cute♡

おともだちと いつの間にか こんなにも
一緒にいて 楽しい♪関係になっているんですね！

サイズ：A4
作成頻度：平均週2回
（時期によって変更）

多くの書類作成が保育者を苦しめていると考えたRISSHO KID'Sきらりでは、「児童票」など、さまざまな記録を「きらり成長記録」に集約させています。一方で保育者自らが保育のおもしろさをドキュメンテーションや壁面掲示で発信し、保育の質を向上させています。

➡ 詳細は P58

RISSHO KID'S きらり

きらり成長記録

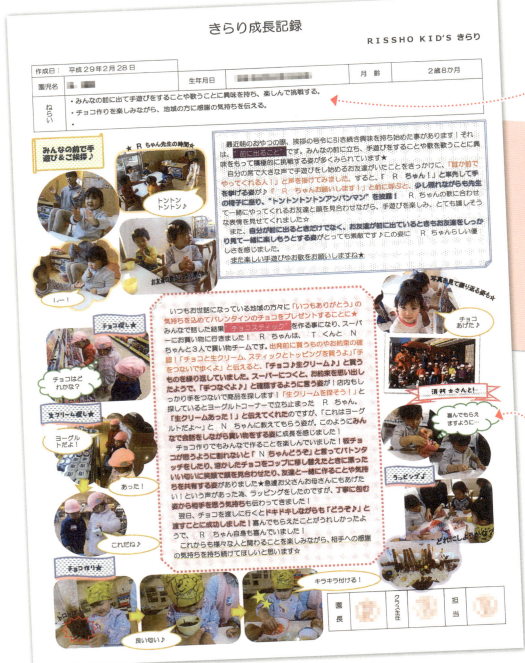

きらり成長記録

RISSHO KID'S きらり

作成日：	平成29年2月28日						
園児名			生年月日			月 齢	2歳8か月

ねらい
・みんなの前に出て手遊びをすることや歌うことに興味を持ち、楽しんで挑戦する。
・チョコ作りを楽しみながら、地域の方に感謝の気持ちを伝える。

みんなの前で手遊び＆ご挨拶♪
★ Rちゃん先生の時間♪

トントントントン♪

最近朝のおやつの際、挨拶の号令に引き続き興味を持ち始めた事があります！それは、"前に出ること"です。みんなの前に立ち、手遊びをすることや歌を歌うことに興味をもって積極的に挑戦する姿が多くみられています★
自分の席で大きな声で手遊びを始めるお達がいたことをきっかけに、「誰か前でやってくれる人！」と声を掛けてみました。すると、「Rちゃん！」と率先して手を挙げる姿が♪「Rちゃんお願いします！」と前に呼ぶと、少し照れながらも先生の椅子に座り、"トントントントンアンパンマン"を披露！ Rちゃんの歌に合わせて一緒にやってくれるお友達と顔を見合わせながら、手遊びを楽しみ、とても嬉しそうな表情を見せてくれました☆
また、自分が前に出るときだけでなく、お友達が前に出ているときもお友達をしっかり見て一緒に楽しもうとする姿がとっても素敵です♪この姿に Rちゃんらしい優しさを感じました。
また楽しい手遊びやお歌をお願いしますね★

レー！

お友達のきらりしっかり見てる人

チョコ探し★
チョコはどれかな？

生クリーム探し★
ヨーグルトだよ！

あった！

これだね♪

チョコ作り★
トロトロ！

良い匂い♪

いつもお世話になっている地域の方々に「いつもありがとう」の気持ちを込めてバレンタインのチョコをプレゼントすることに★みんなで話した結果 チョコスティック を作る事になり、スーパーにお買い物に行きました！ Rちゃんは、TくんとNちゃんと3人で買い物チームです。出発前に買うものやお約束の確認！「チョコと生クリーム、スティックとトッピングを買うよ」「手をつないで歩くよ」と伝えると、「チョコ♪生クリーム♪」と買うものを繰り返していました。スーパーにつくと、お約束を思い出したようで、「手つなぐよ♪」と確認するように言う姿が！店内もしっかり手をつないで商品を探します！「生クリームを探そう！」と探しているとヨーグルトコーナーで立ち止まった Rちゃん。「生クリームあった！」と伝えてくれたのですが、「これはヨーグルトだよ～」と N ちゃんに教えてもらう姿が。このようにみんなで会話をしながら買い物をする姿に成長を感じました！
チョコ作りでもみんなで作ることを楽しんでいました！板チョコが思うように割れないと「Nちゃんどうぞ！」と言ってバトンタッチをしたり、溶かしたチョコをコップに移し替えたときに撮ったいい匂いに笑顔で顔を見合わせたり、友達と一緒に作ることや気持ちを共有する姿がありました★急遽お父さんお母さんにもあげたい！という声があった為、ラッピングをしたのですが、丁寧に包む姿から相手を思う気持ちも伝わってきました！
翌日、チョコを渡しに行くとドキドキしながらも「どうぞ♪」と渡すことに成功しました！喜んでもらえたことがうれしかったようで、 Rちゃん自身も喜んでいました！
これからも様々な人と関わることを楽しみながら、相手への感謝の気持ちを持ち続けてほしいと思います☆

写真を見て振り返る姿も★

チョコあげた♪

消防士さんと！

ラッピング★

喜んでもらえますように…

どれにしようかな♪

キラキラ付ける！

園 長		クラス主任		担 当	

Point

月の初めに一人ひとりのねらいを設定した、【児童票】を兼ねた保育記録。保育者が必ず書かなければならない記録を1つに集約。

★ 保護者には、「きらり成長記録 家庭返信用」に家庭での子どもの近況を具体的に記入してもらい、園と家庭でよりよい連携を図る。

Point

子どもの「きらりと輝いた瞬間」を保育者の関わり（援助）を含め、写真とエピソードで紹介。保護者からは、子どもの姿や興味がイメージしやすいと好評。

サイズ：Ａ4
● 作成頻度：〔0～2歳クラス〕月1回、〔幼児クラス〕期毎（年5回）

・Point

園内外の日々の子どもの姿をタイムリーな「つぶやき」とともに楽しくまとめる。

・Point

子ども自身が見ることで、自身が経験したことを振り返ることができ、新たな気づきや遊びの広がりにつながる。

・Point

自分がその場にいなくても、友達が楽しく遊ぶ姿を見ることで刺激を受け、友達との新たな関係を築くきっかけにもなる。

サイズ・仕様：自由／「手書き用アルバム」に写真を貼って作成・模造紙や画用紙で壁面に掲示
作成頻度：自由／保育者がタイムリーに発信

「活動ドキュメンテーション」「プロジェクトマップ」「ポートフォリオ」の3種類のヴィジブルな保育記録を実践している南大野幼稚園。これらの記録が鍵となり、子どもの遊びが広がり、さらに保育者同士、保護者との子どもの共通理解を図れるようになりました。

➡ 詳細は P64

南大野幼稚園

活動ドキュメンテーション

サイズ：A4
● 作成頻度：学年ごとに
　毎日1枚

さんたさんへ とテープで作られた紙…サンタさんに来てもらう為、サンタさんに喜んでもらう為、の時間が今日も始まります。「これやってくる！」「あの続きしてくる！」と幼稚園を駆け回る子ども達ですが、よく見てみたら、ただ2つのことを進めているんです。いろいろなことを思い思いにやるのもまた楽しいですが、自由に始めた時間の中、いつの間にか友達のやることに同じ面白さを感じ、同じ目的を達成させようと協力する姿に成長を感じます。"自分の好きなことが形になる"ところから一歩進んで、教え合ったり共有したり、『一緒に作り上げる』ことを楽しめているうさぎ組さんです。

2016. 11. 25

3階からスタートした矢印…
くねくね続いて…
ホールへ到達！！！
その間に…
バッケ

切る係
運ぶ係
貼る係
描く係
テープ係

自然に生まれる役割分担♪

最初は私が打って…
ぐーんと背伸び♡
お・おれでも届きにくい！
仕上げは私にやらせて！
この歪みが
手作りって感じ♪
上手に打てるようになったよ！

積み重ねってすごい！！

うさぎ組

Point
活動の意図やねらい、子どもの姿や保育者のコメントなどを記入して、保護者・保育者間で共有する。

Point
クラスの遊びの広がりに目を向け、毎日作成。子どもたちがその時に何を考え感じたかが視覚的によく伝わる。

★ 翌朝、学年ごとの記録を玄関に設置。

★ 毎日の記録をまとめたファイルは、子どもも保護者も自由に見られる。各学年の過去2年分を展示しているため、子どもたちが「年少の時はこうだった…」「去年の年長さんは…」と振り返る場面も。

プロジェクトマップ

Point
日々の活動ドキュメンテーションを壁面に掲示。長いスパンで子どもの遊びがどの方向に展開しているのか、日々の活動がどう関連しているのかをとらえることができる。

サイズ・仕様：A4の活動ドキュメンテーションを壁面に掲示
作成頻度：不定期

ポートフォリオ

★ ポートフォリオは出席ノートに挟めて、通園バックに収まる大きさ。

→ すてきな
写真ですね

Point
子ども一人ひとりに焦点をあて、1か月で一番輝いていたことを記録。保護者に家庭での様子を記入してもらうことで、園で展開した遊びが家庭でどう発展し、その後どのように園に戻ってきたかがわかる。

サイズ：A5
作成頻度：月1回

ヴィジブルな
保育記録

実践
04

平塚市立土屋幼稚園で月1回、保護者に手渡されている「育ちファイル」は、クラス活動に活用することで、子どもの自己肯定感を高めるツールとしても一役買っています。また、子どもたちの活動の様子を掲示するドキュメンテーションにも力を入れています。
→ 詳細はP70

平塚市立土屋幼稚園

育ちファイル

- サイズ：A4
- 作成頻度：月1回

育ちファイル③
たんぽぽ組☆　　　　　さん
平成27年9月

「どんぐり集めから木登りに挑戦！！」

どんぐりの木の下でたくさんのどんぐりを拾いました。地面にはもうどんぐりはありません。そこで、長いほうきを使ってどんぐりを落とそうとしたり、ガムテープを貼りつけて落とそうとしたり、いろいろな方法を試しました。しかし、思うように落ちません。

すると、友達がすらすらと木に登ってどんぐりをとり始めました。その様子を見て「　　もやってみる！」と木登りに挑戦です！！

 おさえてくれてありがとう！

年長さんの取り組みを見て、「登り棒もやってみよう」とチャレンジしました。「できないよ〜」と言っていると、仲良しのお友達が体を持ち上げてくれました。

担任より
自然が豊かな土屋幼稚園では、どんぐりや栗・柿の木などがあり、秋の自然にたくさん触れて遊んでいます。「木になっているどんぐりをとりたい」という気持ちをきっかけに、木登りに挑戦しています。仲良しの友達から刺激を受け、繰り返し挑戦しているので、登れるようになるのが楽しみです。

保護者の方より
入園から半年が経ちました。自然いっぱいの中で毎日を過ごしているからか？何にでも興味をもち、家でもお話をしてくれます。自然なもの以外でも、時間があれば、ブロックで何かしら作り、幼稚園に通えば通うほど、子どもの変化が感じられて、うれしいですね！この頃は英語の楽しさを知り、自分から英語を学ぼうとしてくれます。

• Point
一人ひとりの遊びが深まっていく様子がわかる場面の写真と解説を順序立ててレイアウト。発達の様子がよくわかる。

★ クラスの集まりの時間に育ちファイルを見せることで、子どもの自己肯定感が高まるとともに、友達のよさを知り、認め合う姿が見られる。

• Point
担任と保護者の記述欄を設けることで、子どもの育ちが共通理解できる。保護者からも「子どもの成長を考えるよい機会になる」と肯定的な意見が多い。

ドキュメンテーション

Point

お別れ会で何を発表したいかを年長児が話し合って決め、準備する様子を記録して掲示。子どもたちが自分の考えを伝えたり、友達の考えを聞いて折り合いをつけたりしながら進めていくプロセスがよくわかる。

Point

何日間かの活動をまとめて掲示するのではなく、1～2日ごとの進捗状況を下につなげて貼っていった。子どもにも保護者にも大好評で、興味を持って見る様子がうかがえた。

サイズ・仕様：四つ切りサイズの色画用紙を切って使用
作成頻度：子どもたちの活動に合わせて適宜

1日目の様子

お別れ会に向けて☆

すみれ組の仲間で力を合わせていくこと、たんぽぽ組さんや保護者の方に喜んでもらうことを全員で共有し、何をやりたいか相談しました。
劇をやりたいチームとショー（頑張っていることを見せる）をしたいチームに、はじめは分かれていました。しかし、Yくんが「これじゃあ一つでできないよ。ばらばらだよ」とクラスのみんなに思いを伝え、様々な意見を出し合いました。Sちゃんが「いっしょにやればいいんだよ」といってくれ、劇「ぽんたのじどうはんばいき」の最後に頑張っていることを披露することになりました。決まるまでには、なかなか考えが一つにまとまらず大変でしたが、ちょっとずつ様々な意見が出てくるようになりました。子ども達は、自分の考えを伝えたり、友達の考えを聞いたり、折り合いをつけたりしながら準備を進めています。

① 自動販売機作り ～色つけ編 （1日目）

大きなダンボールを2つつなげて作ることになりました。9人全員ではりきっていました！！

Hくんが「2つのぐるーぷに分かれようよ！良いこと思いついた！男の子チームと女の子チームに分かれよう！」と言うと、みんなは大賛成！「がんばるぞ！エイエイオー!!」細かい所まで真剣！男の子チームは終わると、女の子チームを手伝ってくれました♡ジェントルマン♪

② 自動販売機作り ～製作編

※ダンボールカッター係　　※文字係　　※イラスト係

それぞれ作った部分を合わせて、完成☆

「みんなで作ろう」ということになり、それぞれが得意な部分を分担して取り組みました!!

2日目の様子

③ 劇あそび （2日目）　大切な自動販売機を使って、それぞれなりたい役を楽しみました!!

「こんな時みんななら何て言う？」セリフの所は、子ども達からの声を取り入れました。

3・4日目の様子

④ 小物作り （3・4日目）　①作る

劇に必要な物をリストアップして、担当を決めました。しかし、欠席の友達が出始めてしまい…欠席の子の分まで手分けして準備を進めています。

1日目

2日目

なかなか色つけが終わらず

岩崎学園附属幼稚園でヴィジブルな保育記録に取り組もうとした理由は「保護者の理解」と「保育者の子どもの見方を深めるため」。「エピソード記録」によって、保護者の園に対する不満の声は少なくなり、保育者は生き生きと子どもについて語るようになりました。

➡ 詳細は P75

岩崎学園附属幼稚園

エピソード記録

H29.1.31

「ゆうくんの集中力」

作品展で自分の作りたいグループにわかれたのですが、仲の良い友だちはみんなゆうくんとは違うグループだったので、やっぱりこっちがいいー！となるだろうなと思っていました。
自由遊びの中で忍者グループの子たちが剣を作っているのをじーっと見ています。「ゆうくんも剣作る？」と聞くと、ゆうくんは「お店やさんだからやらなーい！」とはっきり。ゆうくんにはしっかりした意志があったことに驚きました！

手裏剣を作って遊んでいる友だちを見て、忍者グループじゃなくても作っていいんだとわかると早速ゆうくんも手裏剣作りを始めました。早く飛ばして遊びたいために装飾をしなかったり、簡単に終わらせて遊ぶ子が多い中、ゆうくんは長いこと装飾に夢中になっていました。表は黒、裏は緑のビニールテープでまっすぐにビニールテープを貼り、ちょうどいい長さのところでハサミで切っていました。こんなに手先が器用になっていたことにさらに驚きました。集中力もあり、ゆうくんの成長をいっきに感じた一コマでした！！

保護者のコメント欄
興味のあるものを自分なりに表現することが今一番楽しいようです。家庭ではテープを使って道路や駐車場を作ることが多く、同じ長さに切ってますぐ貼るということを繰り返しています。ただテープを貼るのが楽しかった頃と違い、今は興味の持ったものを「自分はこう作りたい！」と集中して取り組んでいます。同じ遊びでもこんなにも遊び方が違ってきているんだと成長に驚いています。最近は「これは何でこうなっているの？」と構造とその理由を考えることが増えてきています。何気ないいつも全てが不思議で気になる存在のようです。難しい質問が多いですが、考えて作ることが楽しい今、一緒に考え、今後も楽しくもの作りが出来たらいいなと思います。

★ エピソード記録を書くようになったことで、保育者同士で子どもについて生き生きと語り合うように。

・Point

保護者からのコメント欄を設けることで、保育者と保護者が互いに思いを共有できる。また、保護者が園に興味を持つようになり、協力的な保護者が増え、不満の声も少なくなった。

● サイズ：A4
● 作成頻度：〔年少〕月2回、〔年中〕学期に1回程度

実践 01
宮前幼稚園 (神奈川県)

コミュニケーションが生まれ
みんなにメリットをもたらす保育記録

主任　亀ヶ谷元譲

✄ 背景

✻ 読まれていなかった保育記録

宮前幼稚園では、"遊びは学び"を教育理念に掲げ、主体的な遊びのなかにこそ、子ども一人ひとりの学びがあるということを信念に、日々の保育に励んでいます。

これまでも子どもたちが遊びのなかで経験していることや学んでいることを可視化できるよう、エピソード形式の保育記録をホームページ（以下、HP）に掲載したり、ドキュメンテーションを作成したりとさまざまな記録の形に取り組んできました。しかし、忙しい業務のなかで、保育記録の提出がおろそかになったり、ドキュメンテーションを作成する時間を捻出するのが難しくなったりと、継続していくことに難しさを感じていました。

ホームページに掲載していた保育記録
保育者が記述した保育記録を、園長・主任が撮影した写真と合わせて HP に掲載していた。

特に、「ヴィジブルな保育記録」の必要性を感じた出来事が、HP に掲載していた保育記録について保護者にとったアンケート結果です。アンケートには、「保育者の思いがわかる」などの肯定的な意見はあったものの、「文章の内容や書き方が似ているので保育者の個性を感じない」「形式的過ぎてつまらない」「字数が多く読む気がしない」という意見が多数あり、子どもの育ちを伝えようと保育記録を書いていた保育者たちにとって大変ショッキングな言葉でした。そして、伝える以前に読んですらもらえていなかった記録ということがわかり、これまでの発信方法に限界を感じた瞬間でした。

✻ ラーニング・ストーリーとの出会い

そんななかで出会ったのがニュージーランド（以下、NZ）で取り組まれている「ラーニング・ストーリー」です。NZ の保育施設を視察した際に、子どもたちが自らのファイルを大切そうに手にし、ページをめくりながらそれぞれのストーリーを誇らしげに紹介してくれた姿に大きな感銘を受けました。

日本と NZ では、保育者一人に対する子どもの人数やラーニング・ストーリーを作成するための時間が確保されているといった保育者の労働環境の違いはあります。しかし、どうにかして日本の保育環境・労働環境でも実践していけないか思案しました。

当時、課題に感じていた2点は以下の通りです。
《学びの可視化への継続した取り組み》
《子どもたち一人ひとりが育ちを実感することができる記録づくり》

NZ での取り組みからヒントを得て、宮前幼稚園における、ヴィジブルな保育記録づくりへの挑戦が始まりました。新たな記録の方法を検討するなかで目指したのは、記録があることで対話が生まれ、その対話によって子ども・保護者・保育者、それぞれにメリットが生まれる記録づくりです。

✄ 実践内容

1 遊びのなかでの
育ちを共有するために

　記録づくりのなかで最も大切にしていることは、《子どもにとっても・保護者にとっても・保育者にとっても嬉しい記録》となることです。

　保育という営みは、子どもに関わる大人（保育者と保護者）が同じ方向を向き、手を取り合うことが大切です。そのためには情報の共有が欠かせません。たとえば、製作遊びが大好きで、毎日作品を作って遊んでいる子の場合、保育者は前日までの子どもの姿に合わせて環境を再構成し、経験がより豊かなものになるように援助していきます。しかし、子どもが試行錯誤していることや、経験していることの価値を保護者と共有できていないと、保護者からは「毎日同じことをしている」「同じものばかり作っている」という否定的な認識となってしまう可能性があります。そこで、遊びのなかでの価値を伝えるために下記のようなポートフォリオを作成しました。

製作遊びをとらえたポートフォリオ
入園当初は、道具をうまく扱えず保育者に「やってやって」と援助を求めていた年少児のRくん。日々の製作遊びのなかでの経験が蓄積され、7月には自らの力で大作を作り上げ自信をもつ姿が見られるようになった。同じように見える遊びでも、そのなかに学びや育ちがあることがわかる。

　このような記録があることで、同じように見える遊びでも、経験していることが学びとなり、着実に子どもの育ちにつながっていることがわかります。ポートフォリオによって、園での子どもの姿や学びの価値が共有され、結果として子ども・保護者・保育者の三者にとってメリットが生まれるような記録をめざしています。

　下記の図は、記録を中心に三者にとってどのようなメリットが生まれるかを図式化した相関図です。

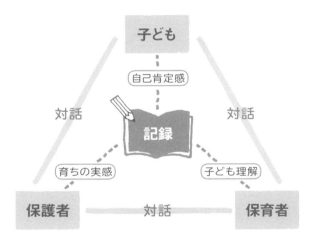

2 キーワードは〈対話〉

　《子ども・保護者・保育者にとって嬉しい記録》を実現するために大切にしたのは、〈対話〉です。これには、2つの理由があります。

　1つは、直接的なコミュニケーションに勝るものはないという考えからです。ポートフォリオがあることによって対話が生まれ、より具体的なエピソードが保育者から語られることで子ども自ら遊びを振り返り、その時の気持ちを話すこと。そのような直

接的なコミュニケーションを通して、三者それぞれが育ちを実感できることが大切だと考えました。

個人面談の一場面

お父さんがわが子のおもしろい姿を見つけ、その姿について担任から具体的なエピソードが語られている。ポートフォリオによって対話が生まれ、子どもが経験していることや学んでいることへの理解が深まっていく。

　2つ目は、持続可能性を重要に考えました。これまでの記録づくりが継続しなかった反省を踏まえ、ポートフォリオは【対話の起点】になることを意識しました。そのため、ポートフォリオには…

①場面を象徴する写真　②状況がわかる説明
③保育者の省察　という最低限の情報を表記し、書ききれないエピソードは対話によって補足する、というスタンスをとることで、保育者が無理なく楽しんで記録づくりを行えることを意識しました。

ポートフォリオ　名前に込めた想い

クラスの子どもたちの"よさ"や"個性"が蓄積されていく記録を目指し、ポートフォリオと呼んでいる。クラスのファイルは子どもたちが親しみを持てるようオリジナルの名前をつけている。

③ ポートフォリオの紹介

　実際のポートフォリオの様式、育ちの読み取り方・伝え方、工夫している点などを紹介します。

視点	子どものステキをとらえる 園の教育課程をもとに育ちをとらえる
内容	写真・状況説明文・保育者の考察
対象	個人・集団／遊び・クラス活動 焦点はさまざま
レイアウト	自由…読みたくなり、わかりやすく、子どもの思いや保育者の思いを知ることができる記録
サイズ	A4
作成回数	平均週2回（時期によって変更）

りく君のくじ引き機づくり

　年長児が廃材を使ってくじ引き機作りをした際の様子から、育ちを読み取ったものです。ポイントは、【試行錯誤のプロセス】がわかることです。

　連続した写真を用いることで、一連の流れのなかでどのようなプロセスをたどっていたかが可視化されます。また、場面ごとに、悩んだ点・気づいた点・工夫した点など、吹き出しが入ることで子どものその時の思いがより明確になります。完成した作品のできばえではなく、それを作るまでに試行錯誤したことに学びがあり、遊びの価値があることを伝えやすくなります。

宮前幼稚園

■ 教育課程をもとに子どもの育ちをとらえる

　ポートフォリオを作成するにあたっての視点は、保育者が"ステキと感じた姿"をとらえるようにしています。そして、その姿にはどのような意味があるのかを読み取る方法は、園の教育課程を基本としています。日々の取り組みのなかで、育ちの道標でもある教育課程を再確認することにつながっています。

子どもの育ちのとらえ方

子どもたちの1年間の育ちを5期に分けてとらえている。共通の保育観のもと、子どもたちと関われるよう、期ごとに教育課程についての園内研修を実施している。

| 1期：不安と混乱期 |
| 2期：自己発揮期 |
| 3期：自己主張期 |
| 4期：仲間意識期 |
| 5期：自己充実期 |

おうちごっこ

　2学期に年中児がおうちごっこをしていた様子から、育ちを読み取ったポートフォリオです。ポイントは、【子どもたちの関係性がひと目でわかるレイアウト】【1学期の姿との比較】の工夫です。

①子どもたちの関係性を家族構成図で表すことで、ひと目で遊びのなかでの関係性をつかむことができます。
②1学期の姿も載っていることで、対象児の興味がモノからヒトへと広がり、人間関係の育ちを感じることができます。

✂ 実践のポイント

⃞1 記録の集約化 【1枚4役のポートフォリオ】

　1枚のポートフォリオが、最大限の効果を発揮するよう、"たくさんの人の目に触れる"ということを意識し、記録の流れをデザインしています。下の表は、1枚の記録がどのように活用されているかを示したものです。

	場所	回数	目的・方法
1	クラスに掲示→ファイリング	週2回程度	子ども・保護者がいつでも読むことができる
2	HP	週2回程度	クラスごとのページから閲覧可能
3	個人ファイル	学期ごと	一人1冊のファイルを作成。個人面談で渡す
4	ドキュメンテーション化	随時	1つのテーマでまとめることで、関わりのプロセスを示す

❶ クラスに掲示→ファイリング

　子どもたちが登園してすぐ目にする場所に掲示しています。その後、ファイリングされ、クラスの軌跡としていつでも、誰でも、閲覧することができます。

仲間関係のなかで認められる経験が、一人ひとりの自己肯定感を育んでいくと信じています。

ポートフォリオがあることで、クラスという集団のなかで個々の存在が認められやすい環境が生まれます。

❷ ホームページ

全園児の約3割がバス通園のため、日常的に保護者の方とコミュニケーションを取ることが困難です。そのため、いつでもどこからでもアクセスすることができるHPを活用し、少しでも園での子どもたちの様子を知ってもらおうと取り組んでいます。

【平均閲覧回数】

1か月のページ別平均閲覧回数を調べてみました。
（2016年11月1日〜11月30日のページ別訪問数をGoogleアナリティクスにて解析）

その結果、ポートフォリオページは1日換算、約80回閲覧されていることがわかりました。全園児400名、1クラス平均27名の幼稚園ですので、関心度の高さがうかがえます。ちなみに、毎日100枚以上の保育写真をアップしている園長写真記のページは、1日換算、約300回閲覧されているという群を抜いた閲覧数になっていました。

両ページに共通しているのは、保護者にとって"日々の子どもたちの姿を知ることができる"という点です。保護者の関心の高さから、子どもたちの日常を発信することの重要性がわかります。

❸ 個人ファイル

"子どもたち一人ひとりの育ちを大切にしたい"という思いから、ポートフォリオを個人ファイルにとじ、育ちの記録としても活用しています。学期ごとの個人面談の際に、その子が輝いていたポートフォリオを担任が1枚選び、コピーしたものを保護者に渡しています。

子どもを中心に園と保護者の双方向のコミュニケーションが生まれるように、子どもへ向けたメッセージもお願いしています。この個人ファイルは3年間引き継がれ、卒園時には育ちの軌跡の記録として子どもたちに渡しています。

その子が輝いているポートフォリオを学期ごとに選び、1つのファイルにまとめる。保護者からのメッセージを書いてもらい、卒園時にプレゼントする。

❹ ドキュメンテーション

遊びのなかでのプロセスを知ってもらう方法として、ポートフォリオを活用したドキュメンテーションの作成にも取り組んでいます。

遊びのなかで子どもたちが、長期的に興味をもって遊び込んでいる場合、1枚のポートフォリオを見ただけでは、その日の姿しかわかりません。いわば、遊びのなかでの点の状態です。しかし、連続したテーマでまとめることによって、点だった遊びが線となり、子どもたちがどのようにして対象に興味をもち、遊びが広がり、深まっていったのか、物語として浮かび上がってきます。

ダンゴムシとの関わりからの絵画活動

年中のクラスでダンゴムシを通しての遊びが盛り上がり、子どもたちが愛着をもって関わる姿があったので、ダンゴムシの絵を描きました。

その際に、描いた絵を展示するだけでは、保護者によってはその絵に対する評価は上手・下手といった描画に対する技術への評価、つまり"結果の質"が判断の基準になってしまうこともあります。しかし、ダンゴムシに対してどのようにして興味をもち、関わりを深めていったか、ダンゴムシとの関わりのプロセスを掲示することで、たとえば、「丸まっているところにおもしろさを感じていたから丸まっている姿を描いた」「足の本数を調べた子は、忠実に足の本数を描いた」という、子どもの気づきが表現につながっているということを伝えることができます。つまり、遊びのなかでの"プロセスの質"を示すことが、できた・できない、上手・下手ではない、肯定的なまなざしで子どもたちを見ることにつながります。

ダンゴムシ探しから始まった、ダンゴムシとの関わり。探検隊になる子がいたり、ダンゴムシ公園（箱庭）を作ったり、遊びを通して関わりを深めていた。2か月弱続いた遊びも、「ダンゴムシ」というテーマでドキュメンテーションとしてまとめることで、関わりのプロセスがわかりやすく可視化される。

② 記録づくりの実際

日々の業務のなかで持続して記録づくりが行えるように配慮しています。そのために、機器などの充実【ハード面の整備】と、保育者同士がフォローしあえる【ソフト面のフォロー体制】を大切にしています。

❶ ハード面の整備

編集から印刷までをスムーズに行えることを大切にハード面の整備をしています。

○ 使用機器（4点）

＊デジタルカメラ（防水・防塵タイプ）　＊ipad

＊プリンター　＊スキャナー

○ 記録づくりの流れ

①撮影→②デジカメからipadに画像転送→③ ipad内、画像編集アプリにて画像編集・配置→④印刷→⑤手書きにて記録作成→⑥ HP掲載のためスキャナーに通す

以上、6工程を30分以内で終えることがほとんどです。このなかで特徴的なのは、ほとんどの作業をipadで行えることです。画像の配置もアプリを使用しているため、切り貼りなどの作業がなく時間短縮・作業の効率化につながっています。また、ipad内に大量の写真やデータ化したポートフォリオを保存することで、面談や研修など子どもの姿を共有したい際にすぐに使用できることも大きなメリットです。

保育者全員に1台のipadが支給されている。機器の順番待ちがなく、好きなタイミングでポートフォリオを作成できる。

❷ ソフト面のフォロー体制

保育のなかで担任だけがクラスの子どもの姿をとらえるのには限界があります。そのため、園長やフリーの保育者もカメラを持ち、子どもたちの姿を共有する方法として活用しています。

次の記録を作成したのは年少担任ですが、写真を撮影したのはフリーの保育者です。担任ではとらえきれない子どもたちの姿をとらえ、たくさんの保育者から子どもの姿が語られること。このような、保育者間のフォロー体制を大切にしています。

新入園児として入園した弟の様子を、お兄ちゃんが保育室まで見にきているという心温まるエピソードの記録。

③ "読みたくなる記録"を目指して

NZのラーニング・ストーリーでは、文字のフォントやレイアウトなど、ヴィジュアル的に目を引くという点も大切にされています。実際にNZにて保育者の方にお話しを伺った際も、多様なフォントを使用することで、子どもも保護者も楽しく読めることを大切にしているとのことでした。そのため、宮前幼稚園ではレイアウトは自由。印刷用紙も画像がきれいに印刷できるファイン紙を使用し、文字も発色のよいペンで描いています。記録の内容が最も大切ですが、"読みたくなる記録"ということも重要だと感じています。

🏷 メリット

✳取り組んでみてよかったこと

ポートフォリオに取り組んでみて、具体的にどのようなよさがあるのでしょうか。保育者と保護者の声を場面別に紹介します。

case1：送迎時間⇒信頼関係の構築

げた箱の上にポートフォリオを掲示しています。送迎の間の短い時間にも、記録があることで自然と会話が生まれます。

ほとんどの保護者の方が記録を見てくださいます。「○○ちゃん優しいね」など、ポートフォリオから会話が生まれ、わが子はもちろん、クラスの子一人ひとりの"よさ"を知る機会にもなっているように感じます。

年少・担任

case2：自由参観⇒学びのプロセスを知る

　子どもたちの日常を知ってもらいたいという思いから、週に1回以上"自由参観日"を設けています。

　ポートフォリオの存在が、遊びの過程や、そのなかで子どもたちが経験していることをわかりやすく伝えるツールとなっています。

> 毎日子どもの様子を見られるわけではないので、先生がわかりやすくポートフォリオで伝えてくださることで、子どもたちがどんなことをしていて、どんな課題をもって、どんな風にして乗り越えていったかがわかります。新しいポートフォリオが出る度に、読むのを楽しみにしています。
>
> 年中・保護者

　遊びのなかで経験していること・試行錯誤していたことなど、学びのプロセスを知ってもらうことが、保育の質を高め、園と保護者が手を取り合い子どもの成長に関わっていくことにつながります。

case3：個人面談⇒育ちの共有

　学期に1回の個人面談の際も、ヴィジブルな記録があることで子どもの育ちを共有しやすくなります。

> 保育者のなかには「子どもたちの育ちをうまく伝えきれない」といった理由で、個人面談に苦手意識を持つ者もいました。

> 写真を通して伝えられるので、その時の姿や表情から、成長を一緒に感じることができました。
>
> 年少・担任

しかし、ポートフォリオを作成し、面談のなかで使用するようになってからは、「育ちの共有を図りやすくなった」という声が多くなりました。ポートフォリオづくりが子ども理解を深めるとともに、保護者に対し的確に子どもの育ちを伝えるという専門性の向上にもつながっています。

case4：HPから閲覧⇒家庭での対話

　父親や祖父母の方など、普段園での様子がわからない方のためにポートフォリオをスキャンしてHPにもアップしています。次ページの写真は、完成したポートフォリオをスキャナーに通しているところです。

宮前幼稚園

家族の大切なコミュニケーションツールとなっています。特にお父さんは仕事で平日は子どもたちが何をしているかわかりません。目で見てわかるポートフォリオがあることで、会話が生まれ、子どもたちもその時の状況を本当に嬉しそうに説明してくれるので、子どもの成長を感じる機会になっています。
年長・保護者

✽ 対話の起点としてのポートフォリオ

それぞれの場面において、ポートフォリオが【対話の起点】となっていることがわかります。記録によって生まれる対話を通して、保護者にとっては子どもが学んでいることへの理解が深まります。その結果として、子どもたちは肯定的なまなざしで自らの姿を受け止められることにつながります。また、保育者にとっても子ども理解はもちろん、保護者との良好な信頼関係を築くことにつながっています。

さいごに

✽共有からはじまる子ども理解

ポートフォリオづくりを始めてみて感じることは、共有することの大切さです。

冒頭で紹介した宮前幼稚園がこれまで取り組んでいた、文章を主としHPでしか閲覧できなかった保育記録の時は、子どもはもちろん、保護者からの反応もほとんどありませんでした。しかし、ポートフォリオづくりを始めてからは、子どもが誇らしげにファイルを見つめる姿をはじめ、保護者の方からも「こんな姿があったのですね」「いつも楽しみにしています」という声をたくさん掛けていただけるようになりました。

"わかりやすい"ということは"共有しやすい"ということを実感しました。ポートフォリオという共有性が高い記録があるからこそ対話が生まれ、その対話によって子どもたちの学びが具体的に語られ、伝わっていくことに大きな価値を感じています。

ポートフォリオの取り組みを始めてまだ日は浅いのですが、子ども・保護者・保育者にとって間違いなく価値のある取り組みだと確信しています。

✽ 保育者自身も 嬉しさ・喜びを実感する

年度末には、保育者一人ひとりへポートフォリオをプレゼントしています。保育のなかで輝いているベストショットと、園長から一人ひとりへのメッセージが添えられています。子どもたちが記録をもらった時に感じる嬉しさや喜びを、保育者自身も実感することが大切だと考えています。

保育者のポートフォリオ
子どもの前での生き生きとした保育者としての表情を知ってほしいという思いで取り組んでいる。

子どもも家族も保育者も　みんながワクワクする保育記録

園長　坂本喜一郎

背景

✳ 自園の保育の魅力は伝わっているか

RISSHO KID'S きらり（以下、きらり）は、開園して６年目を迎える保育園です。開園当初の３年間で掲げた目標は、「いかに特色ある自園の保育を確立させ充実させていくのか」というものでした。そのため保育内容や保育環境の充実を図ることを中心に積極的に"保育の質"の確立に取り組んできました。

その一方で、保育者から少しずつ出始めた声は、「自分たちが日々努力し、夢中になって取り組んでいる保育内容や保育環境の魅力は、保護者をはじめ周囲に十分に伝わっているのか」という疑問でした。なぜなら保育の質の向上において何より重要なことは、「自園の保育への保護者や周囲の積極的な理解と協力」であると考えていたからです。そこで、４年目以降は、「いかに自園の保育の魅力を保護者や周囲にわかりやすく発信し、共有・共感してもらうか」という新たな課題を設定し、その実現を通して、保育の質の向上に積極的に挑戦していくことにしました。

発信対象としてまず注目したのが、子育てのパートナーでもある「保護者」でした。園にとって一番のよき理解者であり協力者でもある保護者に、自園の保育の魅力を感じてもらえたり、子どもの日々の興味に関心をもって一緒に楽しんでもらえたりすることで、園と家庭の双方において子どもが遊びや活動を同じように楽しめる環境の保障につながり、結果として子どもの毎日の生活がより充実していくのではないかと考えたからです。

また、もう一人の発信対象が「子ども」です。活動の当事者でもある子どもがなぜ発信対象になりうるのかと感じられる方もいるかもしれませんが、子どもが自らの姿をタイムリーに振り返ることができることで、新たな気づきや遊びの広がりのきっかけになるのではないかと考えたからです。

そして、最後に保育者間で話題になったことが、従来の口頭や文章を中心とした発信方法だけでは、日々の保育の魅力や子どもの生き生きとした姿を十分に伝えきることは難しいのではないかという課題でした。そこで我々が注目したのが「保育記録の可視化」でした。なぜなら、「ヴィジブルな保育記録」を積極的に活用していくことで、受け手である保護者や子どもは目の前の情報をより的確に受け止めイメージしやすくなり、結果として子どものありのままの姿や保育の魅力がより一層共有されやすくなるのではないかと考えたからです。

実践内容

✳ きらりにおける「可視化」の実際

実践のなかから１歳児クラスで取り組んでいるヴィジブルな保育記録について、その魅力や可能性についてお伝えしたいと思います。ここでは、５つの発信方法を具体的に紹介します。

① きらり成長記録

この記録は、個々の子どもについて、その具体的な成長の様子を、０～２歳児クラスは毎月、幼児クラスは期

毎（年5回）にクラス担任がまとめ、子どもの「きらりと輝いた瞬間（夢や願いの達成に向けて自分らしく生きる姿）」をエピソードと写真で紹介するものです。

また、保護者にも「きらり成長記録（家庭返信用）」を配布し、「子どもの家庭での近況」を具体的に記入し提出していただくことで、園と家庭がよりよい連携を図りながら子どもの成長をともに喜び、子育てを楽しめる雰囲気づくりにつなげています。

【発信対象】保護者
【発信内容】
担当保育者は、まず月当初に、一人ひとりの子どもについての生活および遊びに関するねらいを2～3項目設定します。そして、月末にそれらに関する具体的なエピソードを、子どもの姿の変容や保育者の具体的な関わり（援助）を含めながら文章と写真で紹介します。

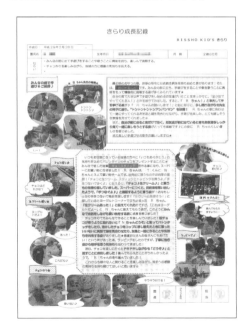

【発信方法】
パソコンで作成し、A4サイズ1枚にまとめます。カラー印刷したものを保護者に配布します。

【特徴】
＊数ある子どもの成長の姿から、担当保育者が最も伝えたいエピソードを、子ども一人ひとりについて細かく丁寧にまとめていきます。
＊保育者は、子ども一人ひとりの成長の様子を、日々デジタルカメラで撮影しています。そのため、子どものエピソードに最適な写真を選択し文章とともに紹介していくことで、その場にいなかった保護者にとってもとてもイメージしやすいものになっています。

【効果】
＜保護者＞
＊子どもが興味をもって楽しんでいる遊びや生活などがタイムリーにわかります。
＊エピソードと写真がセットになっていることで、より子どもの姿を具体的に想像しやすくなります。
＊エピソードを通して、子ども一人ひとりに適した援助のあり方を知ることができ、家庭において子育てのヒントにつながります。

＜保育者＞
＊保護者から提出される「きらり成長記録（家庭返信用）」を通して、保護者からの反応や子どもの家庭での様子がタイムリーにわかり、クラス運営の参考にすることができます。

＊日々子どもの姿をデジタルカメラで撮影することで、「子どもの生き生きとした姿」をタイムリーにおさめる力がつき、定期的に文書を作成することで、文書力が向上するなど、結果として保育の質が高まります。

2 ドキュメンテーション

【発信対象】 保護者／子ども／第三者（地域）

【発信内容】

日々の子どもの園内外での遊びの姿を伝えます。

【発信方法】

① パソコンで作成したものを「壁面に掲示」したり、「ファイル」にとじて自由に閲覧できるようにしたりします。

② 「手書き用のアルバム」に、切り抜いた写真を貼り、コメントを記入していきます。

【特徴】

＊子どもの発したタイムリーな「つぶやき」や、遊びの様子が、細かく丁寧に記されています。

【効果】

＜保護者＞

＊一人ひとりの子どもの「その時の気持ち」を知ることができます。

＊言葉だけでなく写真があることで、より明確にイメージすることができます。

＜子ども＞

＊自ら経験したことをタイムリーに振り返ることができ、新たな気づきや遊びの広がりにつながります。

＊その場にいなかった子どもでも、興味をもって写真を眺めたり、他の友達と共有することで、新たな興味を広げたり、友達との新たな関係性を築いたりできるきっ

かけにつながります。

＜保育者＞

＊ファイルやアルバムなど、多様な活用方法があることで、自分の表現スタイルに合った方法を選択でき、無理なく楽しんで取り組めます。

＊その後の子どもの姿の変容や遊びの広がりなどを知ることにつながり、日々の保育への期待ややりがいを自然にもつことができます。

3 室内壁面掲示

【発信対象】 子ども

【発信内容】

日々の子どもの園内外での遊びの姿や関連情報を掲示します。

【発信方法】

＊子どもが興味関心のある遊びを楽しむ様子や資料などを文章と写真でまとめ、子どもがいつでも自由に見ら

れるように遊びのコーナーごとに壁面に掲示します。

【特徴】

＊子どもがより興味を深められるような「自分たちの遊ぶ姿」や、遊びがさらに広がるような「情報」が紹介されています。

【効果】

＜子ども＞

＊子ども自身が写真を見ることで、遊びを振り返ったり、深めたりすることができます。

＊園外で遊んだ際に疑問に思ったことなどを、室内で調べることができるなど、園内外で継続的に遊びを楽しむことができます。

＊掲示された写真のなかの友達が楽しく遊ぶ姿を見て、他の子どもが興味をもったり刺激を受けたりしながら、遊びの輪が広がっていきます。

＜保育者＞

＊遊びのコーナーごとに壁面掲示がなされていることから、その内容次第で、子どもの姿とともに、子どもによって遊びの広がりや深まりに大きな違いが見られるため、保育者はタイムリーに子どもの興味関心や願いを確認しやすくなります。

④ デジタルフォトフレーム

【発信対象】 保護者／子ども

【発信内容】

その日の子どもの"きらり"をタイムリーに伝えていき

ます。

【発信方法】

市販のデジタルフォトフレームを使い、降園時にクラスごとに担任が撮影したその日の子どもの姿をランダムに流して紹介します。

【特徴】

＊その日の子どもの様子やクラスでの出来事をタイムリーに保護者に伝えることができます。

【効果】

＜保護者＞

＊その日の子どもやクラスの様子をダイレクトに受け取ることができます。

＊降園時に、保護者と子どもが一緒に見ることによって、双方に自然と会話が生まれるきっかけになります。

＊保育者からの伝言やおたより帳と合わせると、より子どもの姿がイメージしやすくなります。

＜子ども＞

＊その日の自分自身や友達、クラスの出来事を思い出しながら、楽しんで具体的に親に伝えることができます。

＜保育者＞

＊口頭の連絡だけでは伝えきれない具体的な子どもの姿を紹介することができます。

RISSHO KID'S きらり

5 ポートフォリオ

【発信対象】保護者

【発信内容】

きらり成長記録では紹介しきれなかった「日々の子ども
の成長のあかし」を多様な方法で紹介します。

【発信方法】

Ａ４サイズのリングファイルを使用し、子ども一人ひと
り個別に日々の子どもの遊びや生活の姿をファイルし、
降園時を利用して保護者に自由に手に取って子どもの成
長の姿をタイムリーに楽しんでもらいます。

【特徴】

＊１年を通した遊びや生活の様子（「子どもの作ったもの」
「保育者の撮影した写真」「ドキュメンテーション」など）
が整理されファイルされています。

【効果】

＜保護者＞

＊写真や作品が中
心になっている
ので見やすく、
気軽に読むこと
ができます。

＊降園時のちょっ
とした時間を活
用し、いつでも
手に取って見る
ことができます。

＊自分の子ども以外のファイルも見ることができ、他の
子どもへの関心や視野も広がります。

＜保育者＞

＊きらり成長記録に載せきれなかった成長も気軽にタイ
ムリーに残すことができます。

✄ 実践のポイント

✳ 発信を「楽しむ」ことがポイント

　これら多様な発信方法が日々の保育のなかで自然に取
り入れられていく上で最も大切なことは、一人ひとりの
保育者の「必要感」によって実践されているということ
です。ともすると忙しい日々のなかでは「また仕事が増
えた」といったネガティブな声も聞こえかねない現実も
あるかもしれません。そこで、何より重要なことは、保
育者自身が「子どもや保護者のタイムリーかつ直接的な
反応を楽しむ」姿勢をもつことにあります。なぜなら保
育者が忙しいなかでも意欲的に取り組める土台には、「保
護者の喜びの声や関心の広がり」「子どものダイナミック
な変容の姿」など、常に手応えを感じることでモチベー
ションの向上につなげていく様子がうかがえるからです。

きらりの保育者もそうですが、まずは日々の保育から生まれたちょっとした時間のなかでできることから始めてみることが大切です。決して「こなす」ものではなく、何より「楽しむ」気持ちを大事にしていきたいものです。

✂ メリット

＊さまざまな手応えや新たな気づき

以上のように、きらりでは近年5つの発信方法を活用しつつ、「保育記録の可視化」に取り組みながら、保育の質の向上に取り組んできました。そこで、現在感じている「手応えや新たな気づき」について整理してみたいと思います。

【保護者の反応や声】

＊今まで口頭だけではなかなかイメージすることが難しかった内容も、写真と合わせて伝えてもらえることでさらにイメージしやすく、園での様子をより正確に知ることができるようになりました。

＊日々の子どもの楽しんでいる遊びの内容や流れをタイムリーに知ることができ、クラスや園の保育内容への関心が高くなりました。

＊子どものタイムリーな興味関心や保育者の適切な援助を知ることで、家での子育てのヒントになっています。

＊担任との会話がより楽しめるきっかけになりました。

【保育者の反応や声】

＊一人ひとりの子どもを丁寧に見つめ、より適切な援助が行えるようになってきました。

＊一人ひとりの子どもの成長を丁寧に振り返ったり、一人ひとりの本物との触れ合い方やものに対する気づき方を知ったりするなど、子どもの特性の理解につながりました。

＊担当するコーナー以外のことも詳しく知ることができ、職員間の情報共有にもつながりました。

＊実際に体験した子どもと、壁面を通して知る子どもが会話をしながら一緒に見ることで、互いに刺激し合い、興味がより深くなることがわかりました。

＊保護者からのタイムリーな反応があることで伝えたいという気持ちがさらに強くなりました。

✂ さいごに

＊保育の質の向上に挑戦し続ける

子どもたちが興味をもって取り組んでいることや成長をより明確に伝えることを目的としてヴィジブルな保育記録の積極的な活用に取り組んできましたが、発信するということは相手への効果だけでなく、自分たちへの効果もたくさんあることに気づかされました。日々忙しいなかで、ゆとりがないと見落としてしまったり、時間が経つと忘れてしまったりすることも、このように多様な方法を活用して記録し、常に発信していくことで、いつでも目の前の子どもたちに必要な保育内容や保育環境、そして適切な援助などを提供することができるのではないかと感じています。

また、保護者からのタイムリーな反応があることで、一緒に保育を楽しんでもらえている実感がわき、子育ての喜びも共有できることから、一人ひとりの保育者のモチベーションを確実に高めることにもつながっています。そして、これら多様な発信方法はそれぞれに違った役割と効果があるため、これらをうまく組み合わせながら同時に活用していくことで、より保育の質を向上させることが可能となることも実感できました。

まだまだ試行錯誤を重ねながらの挑戦ではありますが、子どもの姿や保育の魅力をタイムリーに発信し続けながら、結果としてきらりの保育に関わるすべての人が、ワクワクする毎日を送れるように保育の質の向上に挑戦し続けたいと思います。

子どもの遊びを拡げる鍵となった3種のヴィジブルな保育記録

教務主事 土井敬喜

背景

✳ 子どもたちの遊びをとらえているか

南大野幼稚園では、以前から子どもの遊びを拡げたいと考え、コーナー保育を取り入れてきました。たとえば、楽器遊びに活用できそうな素材や廃材を用意し、場所を設定するなどしましたが、遊びが拡がることは少なく、その時だけで終わってしまうことがほとんどでした。そして、それは私たちが子どもたちの興味・関心をとらえきれていないことが原因ではないかと悩んできました。

そこで、子どもたちの遊びをとらえる「記録」に着目しました。今まで取り組んでいた記録は、子どもたちの名前を記したＡ４用紙に、その子どもが今日どんなことをしていたかを記録するものでした。毎日全員の記録を書かなければならないものではなく、何か気になることがあった場合に書き込み、その記録を１週間ごとに振り返り、翌週は、記入の少なかった子どもに気をつけながら過ごすといった保育者の反省も兼ねた記録でした。

子どもの遊びを改めてとらえなおすために、私たちはさまざまな事例や文献を参考にして、園内で検討していきました。そのなかで、ニュージーランドの「ラーニング・ストーリー」について知ることになりました。

中坪史典（2012）は「ラーニング・ストーリーは、子どもたちの育ちや経験を写真や文章などの見える形で記録するものです。見える形で記録される（＝可視化される）ことによって、記録する保育者ばかりでなく、保護者や子どもにとってもメリットがある方法です。ラーニング・ストーリーの作成を通して、保育者はより注意深く子ど

もを観察したり、子どものことばを聴いたりするようになります。すると、それまで理解できなかった子どもの気持ちや行動の理由がわかり、以前とは違った子どもの姿が見えてくるようになります」と述べていました。

そのことを踏まえ、改めて今までの記録の取り方を振り返ってみると、子どもが誰と何をして遊んでいたかやけんか・ケガなどの記録が多く、どんなことに興味や関心をもっているのかという、子どもの内面を読み取るような記述がほとんどないことに気がつきました。

こうして私たちは、ラーニング・ストーリーの考えを参考にしながら「記録」について試行錯誤を始めました。

実践内容

✳ 3種のヴィジブルな保育記録

子どもたちのラーニング・ストーリーを見つけるために、以前から参考にしていたレッジョ・エミリア市が実践しているドキュメンテーションの手法を下敷きにしていくことにしました。

ラーニング・ストーリーの開発者であるマーガレット・カー（2013）は、可視化されたドキュメンテーションを活かし、４つのD「学びをとらえること【Describing】、記録づくり【Documenting】、話し合うこと【Discussing】と、次にどうするか判断すること【Deciding】」が必要だと述べていました。

そこで私たちは、ドキュメンテーション【Documenting】を作ることで保育者が子どもの学びをとらえ【Describing】、保育者が話し合い【Discussing】、その

後の遊びの環境構成や言葉がけを判断する【Deciding】ことができるのではないかと考えました。

そして次のような3種のヴィジブルな保育記録を作り始めることにしました。

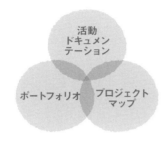

図1　3種のヴィジブルな保育記録

1「4つのD」をもとに可視化した 活動ドキュメンテーション

参考にしたレッジョ・エミリア市のドキュメンテーションは、子どもたちが何に関心があるのか、またその関心はどのように変化していったのかを細かく記録していく、子どもの様子がとてもわかりやすいものでした。

しかし、クラスの子どもたち一人ひとりに寄り添っていたいけれど、その興味が次に向くまでじっくり隣でカメラを向けながら待つことに難しさを感じました。そこで、個人に焦点をあてるのではなく、クラスで行わ

図2　活動ドキュメンテーション

れていた様子や拡がりに目を向けた、その日の活動の記録を作り始め、図2のような活動ドキュメンテーションができました。

保育者は、今日何をしたかではなく、4つのDの視点を意識して写真を撮り、その写真を見ることで、その時の様子を思い出すことができ、より子どもたちの様子を深く知ることができるようになりました。

しかし、記録として使用するには、写真だけでは後で振り返った時に子どもたちがその時に何を考え、感じたかが伝わりません。そこで、活動を通して子どもたちが発した言葉を吹き出しで記入したり、活動の意図やねらいを保護者や保育者間で共有できるように記入する工夫をしました。

そして、できあがった活動ドキュメンテーションを翌日の朝、学年ごとにクリップで留めて幼稚園の玄関に設置し、保護者にも自由に見られるようにしました。すると、保護者はもちろん、子どもたちも昨日していた自分達の活動を興味深く見る姿がありました。

2 プロジェクトマップ

保育者間の共有や保護者・子どもとの共有に適した活動ドキュメンテーションですが、前述の活動ドキュメンテーションの形式では日々の記録は取れるけれども、1つの活動が1週間あるいは1か月後にどのように展開していったか、あるいは他の日に行ったどの活動がどのように関連していったかをとらえることが難しいという点があります。1つの遊びに焦点をあて、子どもたちが決めたテーマがどのように関連づけられ発展・展開したかを記録するためには、次ページの図3のように示すプロ

南大野幼稚園

ジェクトマップがとても優れていると考えました。そこでレッジョ・エミリア市で行われているようなプロジェクト活動を記録していく方法を参考にして、遊びの航跡図化（プロジェクトマップ）も併せて行っていきました。

　子どもたちの遊びは毎日継続するものもあれば３日後にもう一度盛り上がったり、忘れたころに急に遊び始めたりすることがあります。図３に示したようにＡからＢの関連した遊びになるまでに１週間かかる時もあれば、ＡからＣへの関連された遊びへは１年かかる場合もあります。またＤの遊びのように３日ほどでその遊びを終えてしまうこともあります。

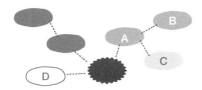

図３　プロジェクトマップ例

　このマップは毎日作るのではなく１〜２か月に１回程度、図２のような活動ドキュメンテーションを並べ、活動の関係を図４のようにマップにして壁面に掲示しました。こうすることによって、数週間あるいは１か月、２か月といった長いスパンで子どもの遊びがどの方向にどのように発展していったか、あるいは日々行ってきた活動の関連を見ることができるようになりました。

図４　プロジェクトマップ

３ ポートフォリオ

　１活動ドキュメンテーションと２プロジェクトマップの方法を組み合わせることによって子どもたちの日々の遊びの様子やそれが長期的にどのように展開するか、あるいは関連づけられていくかということが見て取れるようになってきました。

　そこで、子どもたちの興味や思考が関連づけられた遊びが発展していく様子を、一人ひとりの子どもに焦点をあて、さらに図5-1のような個人記録にすることにしました。これをポートフォリオと呼んでいます。

図5-1　ポートフォリオの一例

図5-2　通園かばんに入れたポートフォリオ

✄ メリット

❋ つながりがあるからこそ 作成しやすい3種の記録

忙しい日々のなかで、このように3種類もの記録を作っていくことは難しいと感じるかもしれません。

しかし、①活動ドキュメンテーションを作る過程でたくさんの写真をデジタル化して保存してあるので、それを活用して個人のポートフォリオを作ることはそれほど時間を要するものではありません。また多量の写真の中からどの写真を選べばよいかは、②プロジェクトマップを見ることで見つけることもできます。それは、マップによって子どもたちの興味や関心がどういった方向に発展し関連づけられていったのかがわかるので、それを参考にして写真を選んでいくことができるからです。

また、このポートフォリオには前ページの図5-1のように保護者にも記入してもらえる欄を設け、写真の活動に関連した遊びや発言についての家庭での様子を記入してもらうようにしました。このことによって保育者は幼稚園で展開された遊びが、さらに家庭でどのように発展・展開され、幼稚園に関連づけられた遊びとして戻ってきたのかを知ることができます。

❋ 子どもの遊びを "共有" するために 職員会議が変化した

3種のヴィジブルな保育記録を実践するなかで、改めて子どもたちの遊びに目を向けていく大切さを感じました。そしてその3種の記録を通して遊びの関連をとらえていくと、子どもたちの遊びのなかにある、たくさんの楽しさやおもしろさに気づき始めました。そして、そのことから「共有する」ということが大切だということに気づきました。

活動ドキュメンテーションを作成するようになり、そ

の日1日の活動について学年主任と担任保育者がお茶やお菓子を食べながら話し合うことを大切にするようになり、保育者間で子どもの活動を共有することで、翌日の環境構成に大いに役立つようになりました。

また、各学年の保育者たちが子どもたちの遊びについて毎日話し合うという経験を繰り返すことで保育者同士の関係もより身近に感じられるようになりました。すると、遊びの関連性を見つけるだけでなく、職員会議の仕方も変わってきました。それまでの職員会議は、事務連絡や限られた保育者が意見を述べて終わってしまうようなものでした。それが活動ドキュメンテーションを毎日作成し、共有化していくことで、会議でも保育者が自分の想いを伝えていくようになり、子どもの遊びや環境についての話が広がる会議に変わっていったのです。

そして、そのような話し合いを進めていくなかで、保育者の決めたテーマに沿い、"みんなで一緒に" 行う活動だけではなく、子どもたちの興味や関心から遊びが拡がる活動も必要だと考えるようになりました。

このような保育を「南大野型プロジェクト保育」と呼び、子どもの遊びをさらに拡げるための保育を行うようになりました。

南大野幼稚園

✳そして、遊びも変化していった

ピザ遊び

たとえば、段ボールを見つけておもむろに丸を切り出すと、「ピザにしよう！」と"ピザ作り"がスタートする。いつの間にか販売する子が現れて"お店屋さんごっこ"へつながっていく。お店の準備をしている子がピザの枚数が足りないことに気づき、"子ども警察"が現れる…。

このように、子どもたちの遊びを改めて見つめ、子どもの声に耳を傾けていくと前述した図4のプロジェクトマップ（P66）のように、1つの遊びが、どんどんと拡がりを見せ、それぞれの子どもがピザ遊びを中心に発展させていくことに気がつきました。

もともとピザ遊びは一斉保育で行った絵の具遊びの延長から始まり、拡がりました。一斉保育で行った活動をそこで終わらせるのではなく、子どもたちがいつでも手に取れる環境を構成したことで拡がり始めたのです。そのことによって、悩んでいたコーナー遊びと一斉活動の関係や、さらにその後の遊びの発展や関連性を見つけることができるようになりました。

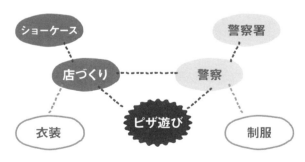

図5　プロジェクトマップの考え

3種のヴィジブルな保育記録を通して、子どもたちの声に耳を傾け、聞き逃さないように保育していくことの大切さを再確認しました。保育者の指導で、「やってみよう」ではなく、「あ！そうだ！！」と子どもたちが気づくまで保育者が待つことの大切さを知ることで遊びが変化していきました。

また、子どもの声に耳を傾けながら活動ドキュメンテーションを作成し、子どもたちの遊びの拡がりが見えてきた時に、次の環境構成を行いました。子どもたちの興味や関心はどこにあるのかをみんなで話し合い、環境を構成していくことで遊びが展開されていきました。

また、こちらが意図したわけではないけれども、子どもたち自身が活動ドキュメンテーションを活用し、遊びを拡げていく場面も見えてきました。

梅ジュース遊び

5月初旬の朝、Aくんが梅の実をギュッと握りしめて登園して来ました。Aくんのクラスの子どもたちは、年中時に保育者が梅を見つけ梅ジュースを作る経験をし、進級しました。
「先生、これ拾ったの！！」
「もう梅ができているんだね」

そんなAくんと保育者のやり取りを聞いて「この梅、年中さんの時にみんなで作ったジュースのやつ？」と興味をもったBくん。「そうだね」と保育者。

このようなやり取りをきっかけに、子どもたちは園庭に走り出し、「先生！　この木だ！！」と梅の木に集まりました。

保育者は"しめた！"と思い、「梅、こんな大きさだった？　もっと大きかった？」と話しました。

子どもたちはAくんが拾った梅や木になっている梅を何度も見比べ、「そうだ！　年中さんの時にさ、ジュースを作った時のドキュメンテーションに梅の大きさが写っているかも！」とドキュメンテーションの場所へみんなで走りました。ドキュメンテーションを囲んで梅の大きさを見ると、まだ小さいことに気づきました。
「この前は6月にやっているから、きっともっと大きくなるね！」

そんな話し合いを経て、子どもたちは毎日、梅ジュースを楽しみに梅の木を眺める日々を過ごしていました。

✂ さいごに

✳ みんなが共通の想いで
子どもを見守っていく

いざドキュメンテーションを作り始めようと思っても、すぐに保育者全員がドキュメンテーションを作成していくことは正直大変でした。

しかし、難しいのは、保育者が子どもの遊びをとらえていないからではなく、その日、その時に何気なく子どもたちへ投げかけている言葉やまなざし、環境の構成は、子どもたちの内面に添って行われていることだと保育者自身が気づいていないからではないでしょうか。

まずは一人の主任が、子どもたちが話している言葉に耳を傾けたり、保育者が何気なく話している言葉を拾ったりしながら、ドキュメンテーションを作成し始めました。そのドキュメンテーションを保育者同士が見合ったりすることで自分の保育を振り返り、少しずつ自分の保育を意識し始めました。保育者自身が何気なくしていたことを意識していくことで、子どもの遊びを深く理解することができるようになってきたのです。その頃から全員の保育者が関わり、活動ドキュメンテーションができ

あがりました。

また、3種のヴィジブルな保育記録に取り組んできたことで、以下の図6で示したようなことがわかりました。3種のヴィジブルな保育記録は、保育者同士の共通理解につながり、みんなが共通の想いをもって子どもたちを見守ることができ、職員同士の仲も深まったように感じています。そして、保護者と保育者間で情報を共有していくことは園への理解を深めていきました。

また、悩んでいたコーナー保育と一斉保育のあり方も、少し解消することができるようになりました。それは、コーナーというのは、ただ場所を設定するということではなかったのです。子どもたちがこだわって追及している遊びは部屋の四隅や、保育者が設定した場所だけではなく、園全体に子どもの数だけ散りばめられていくということです。散りばめられているからこそ関連の構造を見ることができるプロジェクトマップや子どもたちの興味や関心を記録する活動ドキュメンテーション、ポートフォリオが鍵になると確信しました。

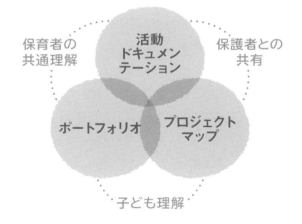

図6　3種のヴィジブルな保育記録を通して

＜参考文献＞
・『保育の質を高める』　大宮勇雄 著／ひとなる書房（2006）
・『保育の場で子どもの学びをアセスメントする』
　マーガレット・カー 著／ひとなる書房（2013）
・『子ども理解のメソドロジー』
　中坪史典 編／ナカニシヤ出版（2012）

南大野幼稚園

子どもの自己肯定感を高める
一人ひとりの「育ちファイル」

主任 宇田川 愛

✄ 背景

✳ 遊びを通した子どもの育ちを 保護者と共通理解するために

本園では「一人ひとりを大切にしながら、人と関わる力の基盤を育てるための環境構成や教師の援助について」を研究テーマに教育活動を進めています。人と関わる力を育てるためには、幼児一人ひとりの自己肯定感を高めることが大切であり、家庭との連携が不可欠です。

「幼児が園生活のなかで興味をもったことやがんばったことを、保護者と共通理解できるようにしたい」「保護者にその子のよさやがんばりを認めてもらうことにより、幼児の自己肯定感を高めていきたい」「教師の視点やとらえを伝えることで、保護者の価値観（ものさし）を広げ、幼児の育ちを共有できるようにしたい」と考えました。しかし、遊びのなかでの学びを口頭の説明だけで保護者に理解してもらうことが難しいという課題がありました。

そこで「遊びを通した育ちの過程を保護者により理解していただけるようにしたい」という願いのもとに、写真記録を用いた幼児一人ひとりの「育ちファイル」を作成することにしました。

✄ 実践内容

✳ 月に一度、保護者に手渡す

【作成の方法】

＊幼稚園生活のなかで、一人ひとりの幼児の遊びが深

まって変化していく様子や発達の様子がわかる場面の写真に解説を加え、紙面にまとめる。

＊担任コメント欄を設け、教師の視点や今後につなげていきたい願いなどを記載する。

【取り組み後、気がついたこと】

＊写真を用いて目に見える形で作成することで、保護者と一緒に育ちファイルを見ながら幼児の育ちを共有することができた。

＊教師からの発信だけでなく保護者の声も聞きたかった。

【改善点】

＊保護者記述欄を設け、保護者の考えや気持ちを知り、幼児の育ちを共通理解し、深められるようにする。

保護者記述欄を設けた「育ちファイル」

新たな様式で取り組んだ結果、保護者の考えや家庭での幼児の様子がわかり、家庭との連携につなげることが

できました。

　また保護者からも「記入する際に子どものことをじっくり考えるよい機会になった」「書くことによって、子どもの成長を立ち止まって考えられる」「後に子どもが大きくなった時に、自分の子育てを振り返るよい機会になると思う。毎回楽しみにしている」などと肯定的な声が多くありました。

　この形をベースに月に1度のペースで保護者に手渡すことにしました。

✳ 子どもの自己肯定感を高める園内での活用方法

　進級・就学を控えた年度末、幼児一人ひとりが自信をもって次のステージに踏み出せるよう、園内で育ちファイルの活用方法を検討しました。

　各クラスでの集まりの時間に、一人ひとりの育ちファイルを全員の前で見せ、友達に認められる機会をつくりたいと考えました。

4歳児：育ちファイルの活用エピソード

担任「(育ちファイルを見せながら) これ見たことある人いる？」

園児「あるよ」「育ちファイルでしょ」

担任「みんなは育ちファイルを誰と見てるの？」

A児「ママとパパとお姉ちゃん。すごいねって言われた」

担任「どんな気持ちだった？」

A児「嬉しい気持ちだったよ」

担任「たんぽぽ組のみんなに見せて、Aちゃんのがんばったことをお友達に紹介してもいい？」

A児「いいよ」

　　　(担任がA児の育ちファイルを1枚1枚見せながら、A児のよさやがんばったことを紹介する)

A児(育ちファイルをじっと見ている)

B児「Aちゃん、めっちゃすごい」

　　　(A児に向かってみんなで拍手をする)

C児「僕もそれできるよ」

D児「次は、私のを読んで」

【とらえ】

＊紹介される幼児は少し照れながらも、担任が紹介する育ちファイルに見入っていた。また、友達や教師に褒められてとても嬉しそうな表情をしていた。

＊いろいろな友達のよさを知るよい機会となった。担任が対象児を認める姿を見て、他の幼児も一緒にその幼児を認める声をかけていた。

＊自分も褒められたいという様子の幼児の姿が多く見られた。

5歳児：育ちファイルの活用エピソード

担任「(E児の育ちファイルを見せながら) みんな、たんぽぽさん(4歳児クラス)だった頃のこと覚えてる？」

園児「うん、覚えてるよ」

　　　(身を前に乗り出して、育ちファイルを見る)

E児「あっ、(折り紙で)手裏剣作った時だ」

F児「E君、折り紙上手だったよね」

G児「E君、体がでかくなってる」

平塚市立土屋幼稚園

担任「E君は、たんぽぽさんの時から折り紙が上手だっ
　　　たんだね。年長さんになってからは、たんぽぽさ
　　　ん（現4歳児）にも教えてあげられるようになっ
　　　たね。E君は、体も心も大きくなったね」
　　　「次はF君の番です」

F児「オレは絶対工作のことだよ」

G児「F君は工作上手だよね」
　　　「あっこれ（写真を見て）一緒に作ったよね」
　　　（中略）

担任「自分が大きくなった出来事を、小学生になって
　　　も時々育ちファイルを見て確かめてね。これから
　　　も自分に自信をもってがんばってね」

I児「大人になっても（育ちファイルを）見たいな」

J児「小学生になったら（育ちファイルを）作ろうかな。
　　　先生に見せてあげるよ」

【とらえ】

＊自分の得意なこと、自信があることを実感している。
　自己肯定感を高めることができたと感じる。

＊友達のよさや得意なことをクラスみんなが知ってい
　て、互いに認め合う姿が見られた。

＊「大人になっても見たいな」という言葉から、育ちファ
　イルを通して幼児が自分の育ちを実感したり、認めら
　れた喜びを感じたりすることができたと思う。

実践のポイント

＊全職員で子どもの育ちを伝え合う

　育ちファイルの大切さを実感した反面、作成する担任
からは課題点も多く出てきました。

【作成にあたっての課題点】

＊写真を撮り慣れていないため、育ちのポイントで撮影
　のタイミングを逃してしまうことがある。

＊目に見えた変化や成長がある幼児は作成しやすいが、
　いつも似たような内容になってしまう幼児がいる。

＊行事が多い時期などもあるため、作成する時間がつく
　れないことがある。

＊パソコンが不慣れで、パソコンでの作成に時間がかか
　る担任もいる。

＊月に1回の配布では、作成頻度が多く負担を感じるこ
　とがある。

　上記のような多くの課題点が出ました。そこで、課題
点の解決方法や実践するためのポイントについて話し合
いました。

【写真撮影のポイント】

＊担任だけでなく全職員で子どもの育ちの大事なポイン
　トを逃さず撮影する。いろいろな職員が関わることで、
　幼児の姿を多方面からとらえられるようにする。

＊撮影した写真は、その日の保育を振り返るためのカン
　ファレンスに使用し、日案・週案などの保育記録作成
　につなげる。

【内容を決めるポイント】

＊幼児が興味をもったことやがんばったことを取り上げ
　る。同じ内容の遊びでも、そのなかでの小さな変化や
　発展を見逃さず、保護者へ発信する。

【様式作成のポイント】

＊写真の枚数や配置の仕方は決めず、育ちファイルを作成するねらいと記載する項目を統一し、担任それぞれが作成しやすい形で行う。

【時間の使い方の工夫】

＊保育後のカンファレンスの時間に全職員でその日の幼児の姿や育ちを伝え合い、情報交換を行いながら、育ちファイルの作成につながる話し合いにする。

＊やらねばならぬ作業としてまとめて作成するのではなく、育ちを感じられた時に保護者に発信するためのツールとして考え、育ちが見られた幼児から順に作成することを心がける。

＊仕事内容の優先順位を考え、全職員で協力しながら、その他の作業の効率化を図る。

【保育への生かし方】

＊記載する内容や写真が同じようなものになってしまうことがある。そんな時は、保育の視点を見直したり、幼児の課題点に気づいたりする機会として自分の保育を振り返り、一人ひとりの幼児をより丁寧に見て援助していくことを心がける。

> ### 例①　育ちファイル≪手書きでの作成≫

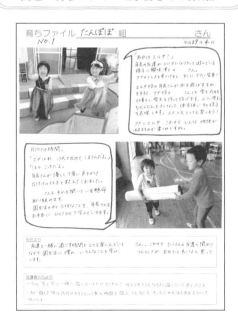

パソコンが不慣れで作成に時間がかかっていたA先生は、手書きでの作成に変えました。手書きならではの温かさがあり、書き手の人柄が伝わり、好評でした。

また、写真印刷機を手に届く場所に設置し、よい写真を撮ることができた時は、その日のうちに印刷。空いた時間に写真を貼って台紙にコメントを記入し、気軽に取り組めるようにしました。A先生は「書きたいタイミングで、構えずに取り組めるようになった」と話し、負担感が軽減したようです。

> ### 例②　育ちファイル≪パソコンでの作成≫

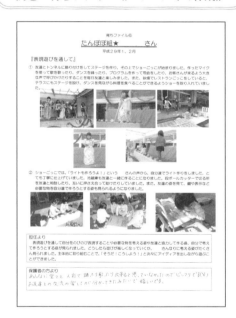

パソコンが得意なB先生。パソコンで作成することのよさは、データ管理できることです。毎回様式を一から作らず、前回作成したものをベースに修正したり活用したりすることができます。

また、写真の大きさや文章の修正が気軽にできることもパソコンの利点です。

手書きでの作成・パソコンでの作成、それぞれによさがあるので、作り手の持ち味を生かした作成方法を見つけられるとよいと思います。

平塚市立土屋幼稚園

メリット

❋ 家庭での園への理解が深まり 子どもの自信にもつながっている

　取り組みはじめて1年が過ぎ、取り組みの成果や課題点について話し合いました。また、保護者へ育ちファイルについての感想や家庭での活用方法についてアンケートの記入をお願いし、参考意見とさせていただきました。

【幼稚園での幼児の変化】

＊「ママとパパに褒められたよ」「お兄ちゃんにすごいって言われたよ」など、家族に認められた嬉しさを話す子が多くいた。

＊育ちファイルを見て、幼児自身が「今こんなことをがんばっている」という目標を確認し、次の取り組みへの意欲につながっている。

【アンケートより保護者の声】

＊普段見ることのできない幼稚園の様子を知ることができ、家庭で子どもを褒めることが増えた。

＊小さなことでもファイルに取り上げてもらい、子どもが自信をもつきっかけになった。

＊自分（保護者）が気づけなかった小さな変化に先生が気づいてくれて、育ちファイルを通して自分（保護者）自身が子どもの新しい発見ができる。

＊子どもが、褒められた時のことをよく覚えている。同じ場面になった時にそのことを思い出して意欲的に行動することが多くなった。自己肯定感が高まっているようだ。

＊先生方が一人ひとりのことをよく見てくれていると感じられ、信頼できる。

【アンケートより家庭での活用方法】

＊普段園生活を見ることができない、父親や兄弟へも育ちファイルを見せている。家族みんなで子どもの育ちを共有できる。

＊普段先生と接する機会の少ない、父親や祖父母に育ちファイルを見せ、園の指導方法や先生の考えを知らせる機会になっている。

【担任の声】

＊写真を見返しながら、その日の保育や幼児の育ちを職員間で共有することができる。

＊遊びが充実していると、よい表情の写真が撮れる。

＊育ちファイルを作成しながら、全園児の様子や育ちを振り返る機会となっている。意識して見ることができていなかった幼児の存在に気づき、翌日の保育につなげることができる。

さいごに

❋ 無理なく続けていくために

　育ちファイルの必要性を感じながらも、実際に作成するなかでは、課題点や教師が負担と感じる点などが多くありました。それでも続けることができたのは、育ちファイルを通して教師自身が幼児の成長を感じられたことや、保護者と一緒に幼児の姿を共通理解できたこと、保護者が園や教師への理解を深めていると実感できたからであると思います。

　また、本園では無理なく続けていくための方法を何度も話し合い、いろいろな方法を試しました。作成する教師の声を取り入れながら、自分の園にとって取り組みやすい『独自の形を作りだしていくこと』が続けていく大事なポイントだと感じています。

　今後も保護者と連携し、幼児一人ひとりの育ちにつなげていけるよう、育ちファイルの作成の取り組みを続けていきたいと考えています。

実践 05

岩崎学園附属幼稚園 (神奈川県)

保育者は“イキイキ”と保護者の不安は“喜び”に変わった

園長　久冨多賀子

✂ 背景

✳今までの保育を見直してみよう！

　岩崎学園附属幼稚園が「ヴィジブルな保育記録」に取り組もうとした理由は大きく分けて２つあります。１つ目は「今までの保育を変えていくにあたっての保護者の理解を得るため」。そして２つ目は「保育者自身が子どもの見方を深めるため」です。

　まず１つ目についてです。本園は開園以来「心身の健康な育成」「創造的な活動の養成」「自主性と協調性のある子の育成」の３本柱を教育目標に掲げ、40年以上もの間、幼児教育に取り組んできました。しかし、教育の方法としてはどちらかというと保育者主体となって繰り広げていく活動が主となっていました。もちろん、子どもたちの自由遊びの時間もありましたが、保育者の気持ちとしては、一斉保育の時間を運営することに重きがおかれ、自由遊びの時間のなかにこそさまざまな成長や一斉保育に結びつけていくべき課題があることに気づくことが難しい状況でした。このような状況下では、「子ども主体の保育」というよりは「保育者主体の保育」になってしまっているのではないかという危機感を感じました。

　そこで、もう一度原点に戻って「子ども主体の保育」がなされるよう、自由遊びの時間をさらに多く持ち、そのなかで子どもの声に耳を傾けることを意識した保育に変えていくことにしました。しかし、一斉保育で行っていることは目に見えやすく、保護者に対しても説明しやすいのですが、自由遊びを通した子どもの育ちは、保護者にとって、とても見えにくいものです。

　もちろん、懇談会やクラスだより、フリーだより、園長だよりなどで、自由遊びを通した子どもたちの育ちについて伝えてはいたものの、理解していただけるのは一部の保護者のみで、たいていの保護者は「子どもたちが遊んでばかりで、先生からいろいろなことを教えてもらっていない」「先生はうちの子をきちんと見ているの？」「子どもたちがバラバラで落ち着きなく見える」など不満や不安の声があがりました。そこで、まだ幼稚園での出来事を言葉で保護者に伝えることのできない、年少児を中心に、個人に焦点を当てた、月２回のヴィジブルな保育記録（以下、岩崎学園附属幼稚園では「エピソード記録」と呼ぶ）を発行することにしました。

エピソード記録

✂o 実践内容

✳ エピソード記録を書くにあたって

エピソード記録の内容は、ニュージーランドにおける「ラーニング・ストーリー」をもとに、5つの視点から考えられることを理想としています。

■ **ラーニング・ストーリーの5つの視点**

① 関心をもつ

子どもが話題や活動、モノに興味や関心を示している場面です。これまでによく知っているものに親しんだり、逆に初めて見るもの、経験することに関心を示したりしている時です。

② 熱中する

子どもが、話題や活動、取り組みに熱中して、集中力を持続させている場面です。自分の置かれた環境や周りの人々に安心感や心地よさを抱きながら、継続して取り組んでいる状態です。

③ 困難ややったことのないことに立ち向かう

子どもが難しいことや、わからないことに対しても諦めないで取り組んでいる時や、困難なことがあってもがんばっている場面です。

④ 他者とコミュニケーションをはかる

言葉による表現に限らず、絵や製作物、歌、しぐさ、文字、数字などのさまざまな方法によってその子の思いが表されている状態です。

⑤ 自ら責任を担う

子どもが友達や保育者とともに何かをしている場面です。誰かの声かけに応答したり、一緒になって活動に取り組んだり、他の子の手助けをするなど、仲間やクラス、園の中で、自分の役割を果たしている時です。

しかし、新任教諭においては子どもたちの育ちをこの視点から見出していくことはなかなか難しいことなの

で、単純に保育者が「すごい！」「おもしろい！」「今までになかった！」など心が動いた場面を取り上げるようにしています。

エピソード記録の最後に保護者からのコメント欄を設け、園へ戻してもらっています。そして、進級時に1冊のファイルにして保護者へプレゼントします。

✳ エピソード記録による保育者の学び

ヴィジブルな保育記録に取り組もうとした理由の2つ目、「保育者自身が子どもの見方を深めるため」についてですが、エピソード記録は保育者自身の子どもの見方の向上にもつながりました。

たとえば次の写真のように、おままごとをして遊んでいるシーンでエピソード記録を書くことにします。

同じ「おままごと」のシーンでも、AくんとBちゃんとCちゃんの楽しんでいることは違います。

Aくん 一見、女の子二人とおままごとを楽しんでいるように見えますが、あちこちに食べ物を運んでいて、今ここに運んできたところです。そしてすぐに他の場所へ食べ物を運びに行きました。つまり、Aくんは「おままごとでBちゃん、Cちゃんと遊ぶことを楽しんでいるのではなく、おままごとの食べ物を運ぶことを楽しんでいる」のです。ですから、買い物かご

やバックなどを提供してあげると、さらにAくんの遊びが充実するのかもしれません。

Bちゃん Cちゃんのあとについて遊びの場を変えていることから、おままごとを楽しんでいるというよりはCちゃんと一緒にいることに安心感を持っているようです。この場合、Bちゃんの遊びを充実させるためにはCちゃんの存在が欠かせないことになってきます。

Cちゃん 自分の目当て通りにおままごとを楽しんでいます。おままごと自体に興味をもっているので、Cちゃんの発する言葉を聞きながら、おままごとの材料を提供したり、場を整えたりしてあげるといいかもしれません。

「○○ちゃんと一緒にいることを楽しんでいる」（興味の対象はおままごとより、○○ちゃん）のか、「一人でおままごとをしていることが楽しい」（興味の対象はおままごと）のか、「おままごととともに友達とのやりとりを楽しんでいる」（興味の対象はおままごとと友達）のか、その子どもによってさまざまだと思います。一律に「おままごとをして遊んでいる」とくくってしまったのでは、それぞれの子に対しての次の適切な声かけができなくなってしまいます。

そのため、園長はエピソード記録を通して、保育者に上記の質問を投げかけていきます。そうすることで、保育者は子どもの見方に広がりを持たせることができるようになり、エピソード記録を通して、保育者自身が評価・考察し、次の手立てを考えられるようになっていきます。

✂️⊙ メリット

✳️保護者の変化

エピソード記録を発行したことにより、保護者からの

不満の声は、次のような喜びの声に変化しました。
「幼稚園での様子を子どもに聞いてもわからないため、様子を知ることができて嬉しい」
「自分では気づけなかった子どものよさが再発見できた」
「先生が子どものことをしっかりと見てくれている」…。

保護者の声がこのように変わってきたことの理由には、下記のようなことが考えられました。
＊エピソード記録はクラスだよりとは違って、「わが子」に焦点が当てられているので真剣に読んでくれるのではないか。
＊エピソード記録により、「わが子」が幼稚園で何をして楽しんでいるのかがわかるので、不満や不安の声は減ってくるのではないか。

保護者にとって、幼稚園はまさにブラックボックスです。保育者は、保護者に幼稚園での子どもたちの様子や教育の内容とその意味を理解してほしいと思い、さまざまなおたよりで幼稚園のことを知らせようとしますが、保護者の心にはなかなか入り込むことができません。

そのようななか、エピソード記録の発行は、保護者が幼稚園に興味をもつための糸口になったのだと思います。その証拠に今まではクラスだよりをしっかりと読まなかった保護者も、園での「わが子」の様子がわかるようになると、クラスだよりの内容にも興味をもちはじめたようです。また、協力的な保護者が増えてきたり、けんかやトラブルに関するクレームや保育に対する不満の声も少なくなりました。

現在では、エピソード記録の発行回数が少なくなる年中児の保護者に対して、クラスだよりの内容をきっかけに親子の会話をもってもらうことをすすめています。子どもの声から幼稚園の様子を知ってもらうことを願っています。同時に懇談会などで引き続き「幼児期は遊びが学びであること」、「友達の存在があるからこそ子どもた

ちが成長していくこと」を伝えています。

✳ エピソード記録を書くことでの 保育者のメリット

＊一人ひとりの１年間の記録を通して見ると、その子の成長のつながりが見えるようになる。

＊記録の評価、振り返りを行うことで、子どもの育ちについてさらに深く考えられるので、次の環境構成や声かけのヒントとなる。

＊写真に写すことによって、今まで気づかなかった友達との関係性を知ることができる。また、自分があまり意識できていない子どもに気づくことができる（意識していない子どもの写真の枚数は必然的に少ない）。

＊「目に見える」ことのわかりやすさに気づいた保育者たちは、クラスの活動の様子をお迎えに来る保護者や園に来る保護者に伝わるように、写真入りで保育室に掲載することを自ら積極的に始めるようになった。

＊エピソード記録の保護者からのコメント欄に感想をフィードバックしてもらうことにより、保護者の思いが保育者へ伝わったり、家庭での様子を知ったりすることができた。

＊園での様子に対して不安な保護者が減ったため、保護者からかかってくる電話の回数も少なくなり、その分保育準備に充てる時間を確保することができた。

✄◉ 実践のポイント

✳ エピソード記録の定着までの苦悩

このように、保護者にとっても保育者にとっても、すばらしい効果を奏でたエピソード記録ですが、その定着までは、決してなだらかな道のりではありませんでした。

■ 保育者側での苦悩

まずはエピソード記録を書く以前に、「保育の方法を変える」というところで、特に今までの保育に慣れ親しんでいたベテラン保育者の意識の転換は大変なことだったと思います。研修を重ね、話し合いをすることで、職員の気持ちと方向性はそろったものの、保護者から変わったことに対しての不安や不満の声があがると、保育者自身も自由遊びを主体とした保育の方法に躊躇することもありました。そのたびに話し合いを重ねてきました。

さらにそのなかでエピソード記録を書くことに対しては、「ただでさえ忙しいのに、その上にさらに仕事を増やさないで」「保育中に写真を撮るなんて無理！」などの思いがありました。確かに、現場で保育を行う保育者は多忙で、エピソード記録の発行は苦痛になりかねません。したがって、現行の仕事をある程度整理する必要がありました。

整理の方法としては、今まで細かく書いていた日案をなくし、週案と日案を合体しました。また、保育者達が話し合う時間に無駄が出ないように、子どもの姿を語るときには白紙の紙に子どもたちの遊びを下のようなマップ形式でつなげ、そのなかで次の環境構成を考えるようにしました。

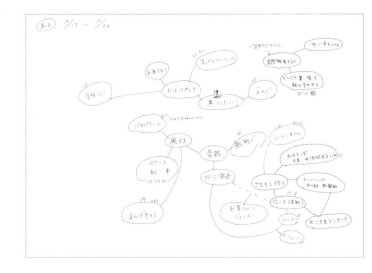

子どもたちの遊びや育ちについて語り合っている時間、保育者はとても生き生きとしています。

またエピソード記録を発行することで、月々のおたより帳のコメント欄は省略することにしました。

保育中に写真を撮ることについては、なかなか慣れることができなかったようですが、写真を記録として残すことによって、後からその場にいた子どもが誰であったのかとか、「こんな楽しそうなことをしていたよ」ということを他の保育者に知らせるために写真に撮ったり、自分の声かけや環境の構成を見直すために写真を活用できることが体験していくなかでわかってくると、保育者自身が自ら積極的に写真に収める姿へと変化していきました。

■ 保護者側に理解してもらうまで

前述したように、「保育を変えていくことに対しての保護者理解を得ること」が一番難しかったのですが、それは、エピソード記録発行の趣旨をきちんと説明しきれなかったことにより、「もっと子どもの写真写りのよいものがいい」などの声もあり、この声は保育者にとって、写真撮影のプレッシャーを与えるものになりました。しかし、本来の目的は、「かわいい写真を撮ること」ではなく、「子どもの育ちを目に見えるように伝えるための写真撮影」なので、懇談会や各種おたよりのなかで、再度エピソード記録発行の趣旨を説明することにしました。ことあるごとに説明したことで、そのような声はほとんどなくなってきました。

また、エピソード記録の保護者コメントで、園への要望を書かれてしまうと、保育者は、次回の記録はその内容について書かなくてはならないという強迫観念に駆られることもありました。保護者からの要望に振り回されていては本当に伝えたいことが伝えられなくなってしまいます。職員同士話し合いの結果、その件に関しては保護者も不安に思っていることなので、丁寧に電話で答えていこうということになりました。

✄ さいごに

❋ 原点を忘れずに 現状を変化させる努力を

「保育の質の向上」のためには、現状からの変化を必要とします。変化させるために新しいことを始めるということは、簡単に周りの理解を得られることではありません。

しかし、いつでも「保育の中心は子どもたちにあること」という原点を忘れずに丁寧な説明をすること、保育者が力を合わせて努力することで少しずつ周りの理解が得られるようになるのです。先の見えないことに突き進むことは、保護者にとっても保育者にとっても躊躇してしまうことではありますが、できるだけ目に見える形にし、語ることの力をつけていけば、おのずと先が見えてくるのだと思います。

岩崎学園附属幼稚園

子どもの育ちの"見える化"をめざして

鎌倉女子大学幼稚部　森本壽子

本園の教育の伝え方

　本園では、子どもの興味や関心を大切にした環境のなかで、子どもたちが、自主的、自発的に活動できるようにし、さまざまな豊かな体験を通して、子どもたちが学び、たくましく生きていくための土台となる力を身につけられるよう、保護者とともに支えていくようにしています。保護者に幼稚園での子どもたちの様子を、より具体的に適切に知ってもらうために、以下のことに力を入れています。

①門の外の掲示板に行事や日々の保育活動の様子をタイムリーに知らせる（ホームページにも掲載）。

②園内に「こどもたちのようす」として、普段の活動の様子を大きく、詳しく写真にコメントを添えて掲示。

③学年懇談会やクラス懇談会で、子どもたちの活動の様子やそのとらえ方、内面の育ちを映像で説明。

　以上のことに加え、保護者が子どもと一緒に遊ぶ保育参加を行い、参加後は、園長や担任と懇談する機会をもつなどして、教育全体やクラス全体の子どもたちの成長の様子については、かなり保護者の理解を得てきました。

　しかし、子どもたちの個々の育ちについては、もっと詳しく知りたいなどの保護者からの要望もあり、日々の保育記録や個人記録において、もっと工夫できることはないかと考えながら、取り組んでいます。

意味のある記録を作成するために　～ラーニング・ストーリーに感動して～

　記録に力を入れていきたいと考える一方で、記録の作成にあたり、十分に時間が取れないことが多いのも現状です。また苦労して記録を書いていても、それが、子どもたち、保護者、保育者自身にとって意味あるものになっているのだろうかと感じ、その記録をその後の保育や子どもたちの育ちに生かし、保護者にもしっかりと伝えていく方法はないだろうか…という思いが、いつも保育者たちのなかにありました。

　そのような時、ニュージーランドで実際に個人の記録（ラーニング・ストーリー）がどのように書かれ、どのように生かされているのかを見学する機会があり、とても感動的な場面に出会いました。私がラーニング・ストーリーを見ていると、女の子が近づいてきて、自分のラーニング・ストーリーを手に取るやいなや、張り切って説明をし始めるのです。自信や誇りをもって自分を語る姿に感動を覚えると同時に、このように自分の成長の歩み

を具体的に説明できるものがあるというのは、なんてすばらしいことかと思いました。そのうえ、この記録は、家族で話題にしたり、小学校に進む時も持参して、先生に説明したりできるとのこと。ラーニング・ストーリーがあれば、これまでのその子の育ちの経過をより具体的に理解していくことができ、その子自身も、途切れることなく連続した形で育っていけるようになるのだろうなと思いました。

　しかし、この方法を自園で実現するとなると、クラスの子どもの人数も多く、作成する時間も十分に取れそうにありません。それでも方法はあるのではと模索し、現在は下記のように取り組み始めているところです。

子どもの育ちの "見える化" をめざした取り組み

❶ 全職員がカメラを持ち、瞬時に撮影

　担任は、子どもとともに遊び込む場面も多いので、フリーの先生や他学年の先生なども、互いに協力し合って撮影する（保育に支障のない範囲で！）。

❷ 写真を撮る際の視点　〜本園の教育目標につながる視点として〜

①**湧き出る探究心**⇒意欲をもっている・関心をもっている・熱中している・発見している・諦めずに試行錯誤している

②**弾む身体**⇒心が安定している・自信をもっている・考えや感情を表現している・意欲的に自主的に生活している・よく体を使っている

③**仲間といる・仲間となる楽しさ**⇒人と関わっている・人のために貢献している・思いやっている・協力している

❸ 保育後の【見て見て！ 今日の嬉しいフォトタイム】

　各自が撮影した写真を印刷し、職員の前で語る。語るポイントは、**①自分がその場面を嬉しいと思ったのはなぜ？　②子どもの思いと内面で育っているものは？　③これからの私の援助**　とする。

　そこでは、感想や保育の見方、とらえ方などについて自由に語り合う（写真にコメントをつけるのが苦手であれば、語りだけにして、後でコメントを加えていく）。

　義務ではなく、語る楽しさがあふれる時間となるように！ "できる人が、できる時に" をモットーに！　最終的には、担任が、その時の内容を参考にして文章にし、保育記録とする。

❹ 1枚の写真を有効に！

　パソコン内で個人やクラスのフォルダに保存し、懇談会、クラスだより、個人面談ボードの掲示、絵本フォリオなど、あらゆる場面に、効果的に使っていく。最終的には、その写真をクラスのポートフォリオとして自由に見られるようにしたり、個人ごとのファイルにしたりする方向を、みんなで考えていく。

❺ 園内研修で読み取りや学びを深める

　撮影した場面の読み取りを深め、文章にしていく学びは、一人の保育者が保育する場面をみんなで見合う園内研修で行っていく（大学の先生からもアドバイスをいただく）。

第4章

保育者養成校における実践

宍戸良子

保育記録は、保育者を目指す学生にとっても"苦手意識"があるものであり、
「子ども理解」へと結びついていないというのが現状です。
この章では、保育者養成校において、ニュージーランドの
「ラーニング・ストーリー」を模擬保育授業に取り入れた実践例を紹介します。
学生同士で互いのラーニング・ストーリーを書き合うことで
「子どものありのままを見つめること」のすばらしさを実体験し、
子どもの姿を記録する意義の理解へとつながることが見えてきました。

S養成校では、ニュージーランドの「ラーニング・ストーリー」を活用した授業実践を試みています。保育現場を意識した模擬保育の授業で「〈子ども役〉の学生のラーニング・ストーリーを書く」という実践です。実際に学生が書いた記録や学生のさまざまな声、そこから見えてきた「ヴィジブルな保育記録」の魅力を紹介します。

1 「ヴィジブルな保育記録」を養成校の実践に取り入れた理由

（1）「記録さえなかったら最高なのに…」という学生たちの声を受けて

実習から戻ってきた学生たちからよく聞かれる第一声が「子どもたちは本当にかわいかった。記録さえなかったら最高なのに…」という声でした。

詳しく尋ねてみると、記録は、「寝る時間を削りながら、ただ淡々と書く」もので、時に「添削され」、「学んだことを振り返る」こともできるが、それ以上に「形式的なもの」で「負担が大きい」という返答でした。

このように記録は、学生たちにとって重荷になっており、「子ども理解」に結びつくものとしてはあまり機能していない現状が見えてきました。

（2）どのような授業が記録の重要性への理解につながっていくのか

記録に対する意識の低さは、学生自身の基礎学力低下の問題として議論されがちです。実習前指導等では、記録を書けるようになるための指導に重点が置かれ、記録の定型文集なども喜ばれて使用される傾向にあります。

しかし、このような指導を繰り返していくことによって、学生は、真に記録の意義を実感できるのか、また子ども一人ひとりの魅力的なストーリーにドキドキわくわく寄り添っていけるのだろうか、という疑問がわき、軸に据えるべきことを改めて模索するようになりました。

その過程で、ニュージーランドのラーニング・ストーリー（P35）に目を向けたのです。

ニュージーランドの子どもたちにとって、自分自身の記録（ラーニング・ストーリー）はどのようなものなのでしょうか？　その答えは想像に難くなく、おそらく記録は「手放せないもの」なのではないかと思います。

一方で、日本においては、保育者は必死で記録を書いているものの、保育者自身が子どもの頃に自分のことに関する記録を丁寧に「書いてもらった」経験が少ない（ほとんどない）のではないかと思います。

ニュージーランドのラーニング・ストーリーは、子ども自身が、自分は「有能な学び手である」という自信をもつことを支え、子どもにいつも「信頼」を寄せています。そして、一人ひとりが関心をもち、熱中する姿のなかにこそ、その子ならではの学びがあると考え、まるごとその子を受け止めようとするまなざしで子どもの姿を記録し、見守ります。

そこで、養成校においても、教員が学生に「将来子どもたちに対し、こんなふうに接してほしい」と願うのであれば、教員も同様のスタンスで学生と接することが重要なのではないかと考えました。つまり、学生たちは、自分自身が興味・関心をもって挑戦することに対し、温かい肯定のまなざしを向けられ、信頼されているという実感がもてる経験をしてこそ、子どもたちに対しても同様に接することができるのではないかということです。これは、ニュージーランドのテ・ファリキ（P36）のスタンスでもあります。

このように模索した結果、学生たちが自ら感じ、学んでいく力を信頼した授業改革を行いました。学生同士が記録を書き合い、一人ひとりの素敵なところを互いに発見し合いながら、記録の魅力を感じていくという効果に期待し、ヴィジブルな保育記録「ラーニング・ストーリー」を授業実践に取り入れてみることにしたのです。

2 養成校における実践の紹介

（1）みんなのなかの「一人」に じっくり注目してみると…

さっそく養成校の授業の模擬保育において、ラーニング・ストーリーの作成と活用を試みました。

下図は、2年次の〈観察者役〉の学生（Fさん）が、「壁面製作（手形で水族館）」の活動に取り組む〈子ども役〉の学生（Hちゃん）の姿を記録したものです。

この記録を読んだ率直な感想をS養成校の1年次生に聞いてみると、「記録を読むだけで、その場の状況が想像できた」「Hちゃんのことを知らないのに、記録からHちゃんがどんな子なのか伝わってきておもしろかった」「記録って硬いイメージだったけど、これは読んでいて楽しい」「（観察者は）よく見ていて、すごい。でも、自分はこんなふうに書けるか不安…」といった声が聞かれました。

記録について「おもしろい」「楽しい」という声が多く聞かれたことは、何かが変わっていく嬉しさを感じるものでした。もともと授業で子どもの具体的なエピソードを紹介すると、学生たちはほっこりしながら、「もっと子どものエピソードが聞きたい」と関心をもつ姿がありました。子どもの姿がありありと見えてくる記録は、学生たちにとって興味深いものになることが見えてきました。

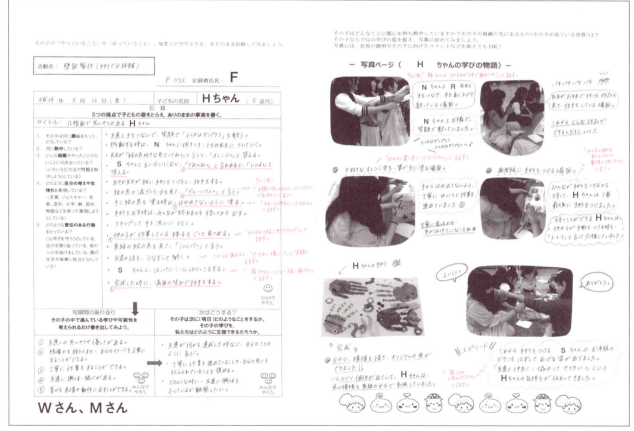

学生が作成したラーニング・ストーリー
A3用紙の左半分に記録と振り返り、右半分に写真とコメントを記載する。

（2）「ラーニング・ストーリー」を取り入れた模擬保育の実践内容

ラーニング・ストーリーを取り入れた模擬保育の実践をどのように進めたのか、実践を通して見えてきた記録の書き方のコツや活用の仕方に触れながら、紹介していきたいと思います。

❶ 役割を決める

まず、クラスやゼミ内で、模擬保育を実施するにあたり、いつ、誰が、どの役（〈保育者役〉・〈子ども役〉・〈観察者役〉）を担うのか、役割を決めました。

S養成校には、1クラスにつき45名前後の学生が在籍しています。そこで、全9回の模擬保育を実施し、5人チームで、学生1名につき〈保育者役〉を1回、〈子ども役〉を4回、〈観察者役〉を4回担当するという予定を立てました。このようにすると、1回の模擬保育につき、〈保育者役〉が5名、〈子ども役〉が20名、〈観察者役〉が20名という分担になります。

❀ 〈保育者役〉になったら

〈保育者役〉は、子ども20名程度を想定した模擬保育の内容を考え、チーム内で自由に構想し、指導計画の作成及び必要な教材の準備をします。

内容は、製作活動、ルールのある遊び、身体を使った遊びなどさまざまで、実施場所も戸外でも室内でもよいことにしました。

また、90分の授業内に2つの模擬保育を実施し、振り返りを行う時間を考慮して、1つの模擬保育を30分程度で行うことができるもの、という条件を加えました。

実施後には、活動の様子を家庭に伝えるという設定で、〈保育者役〉は、第三者にも模擬保育の内容や子どもの姿が伝わるような「おたより（ドキュメンテーション）」を作成し、後日全員に配布しました。

この「おたより（ドキュメンテーション）」は、個人

の記録「ラーニング・ストーリー」と合わせると、活動の全容とその中の個々の姿がありありと見えてくる媒体となりました。

おたより（ドキュメンテーション）
活動の内容を家庭に伝えるという設定で、模擬保育の内容や子どもの姿を伝えるドキュメンテーションを作成する。

❀ 〈観察者役〉になったら

〈観察者役〉は、2種類の観察を体験します。

1つは、模擬保育を最初から最後まで観察し、ラーニング・ストーリーの5つの視点（P27）で、〈子ども役〉の学生（1名）の姿の記録や写真を撮りながら、ラーニング・ストーリーを作成します。

もう1つは、〈保育者役〉が書いた指導計画を手元に置き、全体の保育の流れを観察します。指導計画と実際の展開が異なる場合には、随時指導計画の用紙に実際の流れを赤字で加筆します。また、子どもの姿を記入する

欄にも、実際の子どもの姿や声をできるかぎり加筆し、後日、印刷して配布し、全員で共有します。

　この2種類の観察を、それぞれ学生1名につき2回ずつ体験しました。

　このように模擬保育を進めると、全9回の模擬保育が終わる時、学生1名につき、他者が作成してくれた自分自身に関するラーニング・ストーリーを2枚手にすることができます。

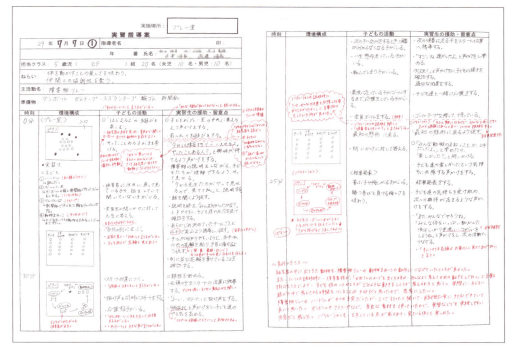

指導計画　模擬保育実施時に、実際の流れや子どもの姿を赤字で加筆する。

✳ 〈子ども役〉になったら

　〈子ども役〉は、設定された対象年齢の子どもになりきり、思う存分、模擬保育の活動を楽しみます。

　模擬保育を進めていくうちに、自分の姿を始終見守ってくれる〈観察者役〉が自分に温かいまなざしを向けてくれる「保護者」のように映り、「ママー、見ててね〜」と笑顔で手を振る〈子ども役〉の姿も見られました。

❷ 「過程」が見える記録を書く

　ニュージーランドの保育施設を訪問すると、ラーニング・ストーリーに定められた様式はなく、各施設・各保育者によって、使用している様式は多様でした。

　一方で、日本で実践する際には、「"様式は何でもかまわない"と言われてもイメージがわかず、作成しにくい」という声が度々聞かれることがあります。

　そこで、S養成校では、暫定的にA3判用紙・1枚の記録用紙を用いることにしました。左半分に〈子ども役〉の姿を5つの視点からとらえて記録し、右半分には、その時の様子がわかる写真やコメントを記載することにしました（P85）。

　次のページの記録は、この記録用紙（左半分）を用いて、〈観察者役〉が「しっぽとり」の活動の様子を記録したラーニング・ストーリーの一例です。

　学生たちと繰り返しラーニング・ストーリーを作成し、共有するなかで見えてきた、子ども理解が深まる記録の書き方のコツや記録が楽しくなるポイントを紹介したいと思います。

その子が「やっていること」や「言っていること」、他者とのやりとりを、ありのまま記録してみましょう。

活動名： しっぽとり

β クラス　記録者氏名： E

28 年 5 月 27 日（金）　　子どもの名前　**Mちゃん**（ 4 歳児）

記録
5つの視点で子どもの姿をとらえ、ありのままの事実を書く。

タイトル：

1. その子は何に**関心**をもって、どうしている？
2. 何に**熱中**している？
3. どんな**困難**ややったことがないことに向き合っている？（いろいろな方法で問題を解決しようとしている）
4. どのように**自分の考えや気持ち**を表現している？（言葉、ジェスチャー、音楽、造形、文字、数、図形、物語などを使って表現しようとしている）
5. どのような**責任のある行動**をとっている？（公平さを守ろうとしている、自分を振り返っている、他の人の手助けをしている、園の生活や保育に役立とうとしている）

・知ってるものは「しってるー」と大きな声で発言。
・先生の動きを又礼しておどっている。
・笑顔で元気にうたいながらおどっている。
・うたいおわったら となりの友達とハイタッチ。
・「先生のこと呼んでるよ」と教えてあげてる。
・話をきくときは真剣にきいている。
・理解したことは「ハイ！」と返事。
・友達と手をつないでいる。（　　Hちゃん　　）
②・自分から積極的にしっぽをとりにいき、3本もとった。
③・しっぽをとられないよう前かがみになって守っていた。
④・他の人に注意がいってしまい、うしろからきていることに気づかない。
・一生懸命頑張っていたから暑そう。服をパタパタやっている。
・しっぽをとった時はうれしそうにしっぽを振り回していた。
⑤
😊ひとりでやろう。

短期間の振り返り
その子の中で進んでいる学びや可能性を
考えられるだけ書き出してみよう。

①友達とコミュニケーションがとれている。
②友達同士の関係が上手に築けている。
③活動力を楽しみ意欲的に取り組める。
④どうすればとられないのか試行錯誤錯誤する力が見られた。
⑤感情を表にむすことができる。
😊😊😊みんなでやろう。

Oさん、Yさん

次はどうする？
その子は次に（明日）どのようなことをするか。
その子の学びを、
私たちはどのように支援できるだろうか。

・自分から友達を遊びに誘う。
・活動に意欲的に取り組めている姿をほめ、周りの子どもたちに反映させていく。
・どうすればとられないのか試行錯誤し、どの方法が一番よいのか考え、実行する。
😊😊😊みんなでやろう。

①
ここから、
スタート！
　じっくり子どもの姿を観察し、記録していきます。その場でその言動に意味を見出せても見出せなくても記録していきます。改めて後から読み返した時に、その子ならではの学びや育ちが見えてくる重要な手がかりになることがあります。

③
　明日その子のどのような姿が見られそうか？
　それに対し、保育者としてどのように支援したいかを複数の学生で対話しながら思いつく限り記入します。
　その子の次の姿が予想できると、環境構成への配慮や明日の保育の構想もふくらみます。

②
　上記の記録を手がかりに、その子の育ちや学びを思いつく限り記入します（箇条書きでもよい）。学びや育ちをとらえる際の根拠にした記録の箇所に、番号などをつけて示すと、よりわかりやすくなります。共同で解釈を行ったメンバーの氏名も記します。

使用した様式※（左半分）

※ 宍戸良子・三好伸子『記録でつながる人と人　みつけた！ラーニング・ストーリー　記録から行動の意味を探るカンファレンスへの展開』
大阪国際大学短期大学部（2016）で紹介している様式を使用

※ その子が「やっていること」や「言っていること」 「他者とのやりとり」をありのままに記録する

　初めから子どもをとらえる5つの視点全てを意識しながら、観察記録をつけるのは、少し難しいという声がありました。

　そこでまずは、その子（記録対象者）は、①**何に関心をもち**、②**どのように熱中しているのか**という2つの視点から観察することから始めてみました。

　具体的には、その子が「やっていること」や「言っていること」に着目し、その場でその言動に意味を見出せても見出せなくても、まずはありのままをどんどん記録します。そこに「他者とのやりとり（④**他者とコミュニケーションをはかる**）」もあるならば、それも含めて記録します。

　そして、記録作成後に残りの視点（③**困難ややったことがないことに立ち向かう**、⑤**自ら責任を担う**）からも記録を読み返し、その子の学びや育ちをとらえていくことにしました。すると、その子が「やっていること」や「言っていること」の記録のなかには、困難に立ち向かう姿（③）や、他者のために責任ある行動をとろうとする姿（⑤）そのものと評価できる言動がいくつもあることが見えてきたのです。

※ 絵や写真を有効活用する

　子ども（記録対象者）の学びや育ちの「過程」を、「第三者の読み手（記録対象者自身も含む）に伝えること」を意識し、状況を見える化できる絵や写真などを積極的に活用することにしました。

　また、絵や写真には、状況の説明やその子（記録対象者）に向けたコメントなどを添えることも試みました。

　次の記録は、使用した様式の写真ページ（右半分）の一例です。「ペットボトル水族館」を作っているKちゃんの学びの過程の姿が詳細に綴られています。

写真ページの一例
活動の様子が伝わる絵や写真を積極的に入れ、状況の説明やコメントを添えて、その子ならではの学び・育ちの過程を見える化する。

※ 子どもの姿がもっと見えてくる 文章表現を模索する

　学生たちが初めて作成した記録には、「嬉しそう」「楽しそうに」「元気に」「一生懸命にやっていた」「がんばっていた」などという表現が多数見られました。これらは、すでに観察者の解釈（心情的理解）が含まれた表現です。

　この実践では、記録をもとに、子どもの育ちについて多角的視点から考察できるように、事実と解釈をわけて記載することを意識しました。そうすることで、第三者の子ども理解が可能となるからです。

　そこで、初めから解釈が含まれる記載はできる限り避け、観察者がそのように解釈した根拠となる子ども（記録対象者）の言動や姿を、より具体的に記録するように修正していきました。

たとえば、「『はじまるよ』の手遊びを【楽しく】行っていた」と書いていた学生は、「『はじまるよ』の手遊びを【体全体を使って】行っていた」と修正しました。

その他には、「完成したら【喜んでいた】」→「完成したら【「できたー！」とバンザイしていた】」、「水がこぼれないよう【慎重に優しく】入れる」→「水がこぼれないよう【手元を見つめてカップから少しずつ水を】入れる」というように表現を模索し、一人ひとりがそれぞれに何かにじっくり打ち込むシーンや具体的な子どもの声そのものを記録するようにしました。

❸ 記録をもとに子ども理解の アセスメントを進める

❋ 記録を手がかりに複数の人で対話する

記録用紙（左半分）の下部にある２つの枠〈短期間の振り返り〉と〈次はどうする？〉には、書き入れた記録を手がかりに、そこから見えてくるその子どもならではの学びの可能性を思いつく限り記載し、その振り返りをもとに明日の保育の構想を記載します。

子どもの姿の記録	
短期間の振り返り	次はどうする？

ラーニング・ストーリーの実践者である大宮勇雄氏が、書著『学びの物語の保育実践』ひとなる書房（2010）で「子どもはどんなときも意味をもって行動している」と述べていますが、子どもの学びを多角的視点でとらえ、多様な意見を出し合うことは、その子にとっての行動の意味や視点に対する気づきを得る機会となりました。

解釈や考察の根拠を明らかにするために、記録のどの箇所からの考察かがわかるように番号や下線等をつけるなどの工夫（P88の記録参照）も見られ、第三者にも伝わりやすい記録となっていきました。

❋ 複数の「ラーニング・ストーリー」を 突き合わせながら読んでみる

同一の〈子ども役〉の学生に着目した観察者同士で、作成したその子のラーニング・ストーリーを突き合わせながら読んでみることもしました。

複数の記録のなかに共通するその子らしさを発見し、「やっぱりそうだよね、私もそう思った！」とともに解釈が進んだり、１つの記録からはわからなかったその子にとっての行動の意味に対する新たな気づきが得られ

たりする機会となりました。また、それらの気づきは、今後の援助の見通しや子ども理解につながっていきました。

❋ 子どもと一緒に 「ラーニング・ストーリー」を読んでみる

前述のHちゃんの記録（P85）に小さく赤字で書き加えられている文章は、記録を作成した〈観察者役〉が〈子ども役〉のHちゃんと一緒に記録を読んだ際（7月21日に実施）に、Hちゃん自身がその時の状況を思い出しながら話した内容です。

このとき語られたHちゃんの声の記録から、5月26日に行った「壁面製作（手形で水族館）」の活動時に、なぜHちゃんはオレンジ色を選んだのか、またなぜ友達が行うのを待って一番最後に手形を押したのか、その理由が見えてきます（次ページ参照）。

自分のことが書かれたラーニング・ストーリーを、観察者と一緒に読んだ〈子ども役〉の学生には、活動時の自己の思いを多く語る姿が見られ、対話を重ねていくことで、記録だけではわからなかった新たなその子の声を聞くことができました。その声を日付とともに加筆していくことで、ストーリーにより厚みが増し、子ども理解

を深める新たな手がかりとなることが見えてきました。

◎ 大好きな オレンジ色を、筆で手に塗る場面。

♪「他のと違う色に したかったの。」と話す。

手から はみ出さないよう、丁寧に ゆっくりと作業を 進めていました 😊

丁寧に 塗ったから、色が はっきりになったね ☆

◎ 画用紙に 手形をつける場面。

「みんなの 手形も 見たかったから、最後に押したの」と言う。

みんなが 手形をつけるのを 待って、H ちゃんは 1番 最後に 手形をつけました。

待つことができる H ちゃんは、他の子が 手形をつける時も、「3・2・1」と言って 応援していました。

3 学生たちの感想から見えてくる「ヴィジブルな保育記録」の魅力

ラーニング・ストーリーを取り入れた模擬保育（全9回）の実践を終えた学生たちの感想を紹介します。

Cさん

「人を応援することが好きな自分」という新たな一面を見つけてもらえて嬉しい

私は、人を応援することが好きなのだと感じました。〈観察者役〉の友達に自分の写真を見せてもらったところ、他人を応援している写真ばかりでした。自分が知らない一面を見つけてもらって、少し恥ずかしくも、とても嬉しかったです。保育の現場で、ラーニング・ストーリーをただ保育者が書くだけでなく、子ども自身に見せてあげることはとてもよいことだと思いました。

Cさんは、友達が書いてくれた自分自身のラーニング・ストーリーを読み、「人を応援することが好きな自分」を知ったと語っています。ニュージーランドでは、子どもたちがラーニング・ストーリーをいつでも自由に見ることができる環境を整え、子どもたち自身が自己の学びや育ちをとらえ、自分に自信をもつことを積極的に応援しています。Cさんの語りから、記録対象者が大人であ

っても、ラーニング・ストーリーは、自己への気づき（自己理解）をもたらし、自己肯定感の高まりに寄与することが見えてきます。

Jさん

私のことだけを見ていてくれる嬉しさから子どもの気持ちがわかった

〈観察者役〉とはいえ、私のことだけを見てくれていて、私の言動をこんなに記録してくれるという、日常ではなかなかされることがない経験をさせてもらい、子どもが保育者や保護者に見られるということがいかに嬉しくて大切なことであるかを、身をもって学ぶことができました。また、子どもの立場になってみると、親を見つけて出歩いてしまったり、集中が切れてしまったりする気持ちがよくわかりました。

模擬保育で〈子ども役〉になり、実際に他者に自分自身のラーニング・ストーリーを書いてもらうという経験をしたJさんは、じっくりと自分にだけまなざしを向けてくれる存在がいるということの嬉しさを改めて実感しながら、同時に、保護者らがわが子の姿をじっと見守る保育参観の光景を思い浮かべたのでしょう。Jさんの語りから、親を見つけて嬉しくて保育の活動どころではない子どもの気持ちを疑似体験し、理解を深めていること

がわかります。

　ついつい私たちは、子どもによかれと思って言葉かけしたり、何かに導こうとしたりしてしまいがちですが、ラーニング・ストーリーの視点は、「ありのままをじっくり見つめる」こと、つまり、「あなたが今やっていること（やろうとしていること）を丸ごと知りたい」というメッセージが詰まった信頼のまなざしを子どもに向ける後押しをし、その結果として、新しい気づきをもたらしてくれるものだと感じています。

Oさん

**人のよいところを見つけることは、
互いに心が温まる**

　今回の実践を通して、クラスの仲がより一層深まりました。普段あまり話すことがなかった友達とも話すようになり、学校生活がさらに楽しくなりました。人のよいところを見つけることは、互いに心が温まることを学びました。

　「人のよいところを見つけることは、互いに心が温まることを学んだ」というOさんの語りから、ラーニング・ストーリーは、自己理解・他者（子ども）理解を深め、アイデンティティーを認め合い尊重し合うことを積極的に支援するものであるということが見えてきます。

4 「ヴィジブルな保育記録」を 授業に取り入れるもう1つの魅力

　保育のPDCAサイクル（Plan計画／Do実行／Check評価／Action改善）を体験的に学ぶ上で、学生らが作成した成果物【指導計画、個人の記録（ラーニング・ストーリー）、おたより（ドキュメンテーション）】は、学生たちが互いに学び合う媒体として共有できるだけでなく、模擬保育の授業の学習成果を示す資料となりうることが見えてきました。

　特に、個人の記録（ラーニング・ストーリー）やおたより（ドキュメンテーション）といった「ヴィジブルな保育記録」を通して、本科目で習得したスキルなどの結果だけではなく、模擬保育における試行錯誤の姿や個々の学生の「学びの過程」を具体的にとらえられる点が、「ヴィジブルな保育記録」を授業に取り入れるもう1つの魅力的な側面といえそうです。

　「ヴィジブルな保育記録」は、一人ひとりのストーリー（生き方）をありありと映し出し、見た人それぞれに気づきや幸せをもたらしてくれるものだと感じています。

第5章

子育て支援施設における実践

小泉裕子

保育者と保護者の連携をさらに深めていくためには、
双方が子どもの発達に対して、共通に理解する視点をもつ必要があります。
この章では、子育て支援施設において
「わが子のラーニング・ストーリーづくり講座」を行った実例を紹介します。
近年、保護者の「子育て不安」など、ネガティブな面が取り上げられがちですが、
講座に参加した保護者たちからは、子どもの発達を共感的、肯定的に
とらえられるようになったという声がたくさん聞かれました。

1 保育者と保護者の連携を確実なものにするために

保育者と保護者とが共通の視点をもつために

　第1章から第4章にかけて、保育現場や保育者養成校で取り組まれている「ヴィジブルな保育記録」について紹介してきました。子どもの成長を園と保護者がともにわかち合う方法として、発達の"見える化"を進めている先駆的事例です。

　「ヴィジブルな保育記録」による保育者の発する「子どもの学び」のメッセージを通して、保護者は「子どもたちはこんなにダイナミックな遊びをしているのか！」という驚きや感動を覚え、また、「園で過ごしている時の表情がわかって嬉しい」という安心感と信頼感を抱くのではないでしょうか。

　この第5章では、保育者 ➡ 保護者に伝える今までの「子どもの発達の見える化」という視点を広げ、**保護者の子どもの発達に対する意識を積極的に変えていく取り組みを紹介します。**

　保護者の子育て意識といえば、数年来、子育て不安というネガティブなことばかりが取り上げられ、子育ての楽しさ、充実感、喜びなどのポジティブな側面に光が当たらないのが現状です。

　この章は「保育者×保護者の連携」が重視されるなか、園側からのアプローチに留まらず、**保育者と保護者とが子どもの発達を理解する視点の共有をめざした「わが子のラーニング・ストーリー」づくりをすすめる保護者版ワークショップの事例**を紹介していきます。

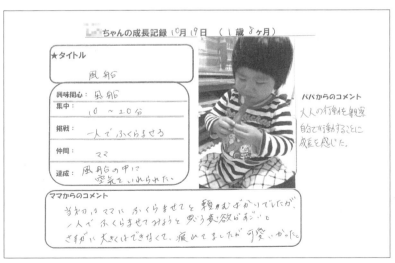

子育て支援講座に参加した保護者がつくった「わが子のラーニング・ストーリー」。最初は風船を「膨らませて」とママに頼むばかりだったが、ママが膨らませる様子をじっと観察して、一人でチャレンジする「学びの物語」を1枚の写真とコメントで記録した。

2 保護者の"子ども観"は千差万別！

　保育者と保護者の連携を考えるとき、連携しようにもうまくいかない時が多々あります。要因の1つに、双方の間に子どもの発達観や評価の観点に違いがあるからです。

　保育者は園での生活や遊びを通して、子どもの発達する姿を具体的な活動のプロセスで理解していきます。

　一方、保護者の「子ども観（発達や学びのとらえ方）」は、どうでしょう。活動のプロセスよりも、「何ができたのか」という結果を問う傾向が強いことが指摘されます。

　たとえば保護者は、保育者から「今日、A君は運動会の絵を上手に描きましたよ」というポジティブな結果を聞くと、とても安心します。しかし、その反対に「A君は、B君と走りっこの競争をしてがんばったのですが、負けて残念そうでした」とネガティブな結果を聞くと心配や不安になります。

　「上手だった」や「負けてしまった」などの結果だけを聞いたなら、「上手に描いた」、だから褒めてあげようと保護者は思うでしょう。「負けて残念そう」と聞けば、きっと慰めることしか頭に浮かばないでしょう。

　ところが保育者は、活動のプロセスを重視します。決して保護者に「負け」という結果を受け止めてほしいのではありません。A君の**一生懸命がんばった「意欲」に注目してほしいし、残念な気持ちを通して精神的にたくましくなった「心情の変化」に注目してほしい**のです。

　このように「子どもの学びや発達」という1つの現象を、保育者と保護者間で異なる視点・価値観でとらえてしまうところに大きな問題があるのではないでしょうか。

　そこで、保育者×保護者が「子どもの学びや発達の視点」を共有するために、**双方が同じ視点で子どもを観る力を養う必要がある**と考えたのです。

❸ 親だからこそ理解できる子どものリアルな成長発見

スナップ写真が語るわが子の"学びの物語"の実践から

1 子育て支援施設に通う保護者に呼びかける方法

　筆者は、数年前から地域子育て支援拠点事業において、保護者の子育てに関する支援講座を担当してきました。そこで従事する支援員の方々は、保護者の意識の実態を次のように指摘します。

　「子どもを初めて育てる保護者の多くが、子どもの日々の成長に一喜一憂しながら、常に不安を抱えています。結果を気にすれば心配事も増え、親として自信を失う傾向にある」と言います。

　日々の成長に関わり、感動体験の多い保護者たちだからこそ、「子どもを観る力、評価する力」として保育者たちがやっている**「プロセスを観ていく方法」を身につけるべき**だと気づきました。

　従来型の子育て支援講座は、「子どもの発達を見るまなざしを育てよう！」と題して実施するものの、あくまでも受け身の知識にしか過ぎませんでした。そこで座学講座ではなく、子育ての喜びが実感できる少人数制の演習形式を取り入れたワークショップを提案し、実践しました。

子育て支援講座で子どもの「学びの物語」について熱心に耳を傾ける受講場面

2 子育て支援での講座概要

 テーマ

【スナップ写真が語るわが子の"学びの物語"作り】
ラーニング・ストーリーを書いてみましょう
（計3回講座）

第1回講座：スナップ写真が語るわが子の"学びの物語（ラーニング・ストーリー）"のススメ

初回講座では、日頃撮っているお子さんの写真を題材にして、**写真には子どもの発達の記録としての価値があることを実感する演習**を行いました。

まずは、ニュージーランドのプレイセンターで実践している「母親達のラーニング・ストーリー」を紹介し、園の保育者と同じ視点で写真を撮る方法や、子どもの発達のエピソードを添えていく事例を紹介しました。

次に日本の保育者が子どもの発達を理解する指標として、『幼稚園教育要領』、『保育所保育指針』、『幼保連携型認定こども園教育・保育要領』が基準になっていることや、子どもの育ちの側面として「心情・意欲・態度」を重視していることも学びます。

子どもの発達を意識したアルバムをつくる習慣の少ないママたちには、記録としての意味があるラーニング・ストーリーづくりは、心理的に負担のようでした。そこで講座では、以下の内容で意識を深めました。

---

① **WHY: なぜ「子どもの学びの物語」をつくるのか**
- 子どもの発達の見える化の共有（保護者＋保育者＋子ども自身）を目指すことで、子育ての価値を再発見できる。
- 子育て不安は子どもの発達を"結果だけ"でとらえてしまうからであり、保育者が行っている"発達を長期的視点で見る"ことや"プロセスを重視する"と、不安は軽減される。

② **HOW: どんな「子どもの学びの物語」をつくるのか**
- スナップ写真の様子が子ども自身や家族、第三者にも見えるように（伝わるように）書く。
- 親自身が子どもの目線になって書くことで、子どもの心と行動が一致していることがわかり、子どもの学びの世界のすばらしさを実感できる。

③ **WHAT: 親の力って、どんな力？　親力が目指す力とは？**
- 子どもを理解する力を養う⇒うまい・下手を評価しない。子どもの成長を信じ見守る、そっと援助することが大切。
- 子どもが挑戦できるよう環境を整える⇒子どもの発達に必要な環境は、安心してじっくり時間をかけて遊ぶ環境。心と行動が安心して発揮できる環境を作ることが大切。
- 結果を長期的に見守る力を養う⇒短時間で評価しない。長期的な発達のプロセスを意識して、子どもの選んだ行動を見守ることが大切。

講座に参加したママたちからの
最初のコメントは…

・どんな写真を撮ったらいいの？
・写真を撮る余裕がない…
・アルバムをつくるのと同じ？

・何を書いたらいいの？
・主人や他の人に見せるように
　書くってどういう意味？

・大変そう…
　正直、負担です

そこで、写真を撮るタイミングや記録を添える場面について、

また、親が書くラーニング・ストーリーの書式（フォーマット）を提案しました。

【スナップ写真を撮るタイミング・記録を添える場面について】

①興味・関心を向けている場面
　⇒お子さんが何かに夢中になっている姿や関心を向けている姿を見かけた時がチャンス

②集中・熱中している場面⇒真剣に集中している、または長時間取り組んでいる姿を見かけた時がチャンス

③工夫や挑戦している場面
　⇒一生懸命工夫している、今までやったことのないことにチャレンジしている時がチャンス

④コミュニケーション場面⇒誰かと関わり、活動している時がチャンス

⑤自ら責任を担っている⇒自分の行動に責任を持っている時がチャンス

アルバムにある１枚の写真を取り出し、後から学びを読み取ることも意外に簡単です。

　筆者が子育て中、２歳のわが子の様子に感動して撮った写真の中から１枚の写真を選びました。写真を撮ったその時、今までやったことのないことに挑戦している子どもの姿に感動したことを鮮明に覚えています。

　記念撮影ではなく、子どもの気持ちに共感した瞬間を撮ると、子どものその時の発達が見えてきます。

タイトル
綿毛の不思議を学んだよ

興味・関心 タンポポの綿毛を見つけた。不思議なお花？

集中 気になって手にしてみる。お花にしては花びらが
フワフワしているのをじっと見ている。

挑戦 息を吹きかけてみようか。最初はフー（ユラユラ）、
次は一気にフーフーフー（とんだ、とんだ！）。

【わが子のラーニング・ストーリー 書式】

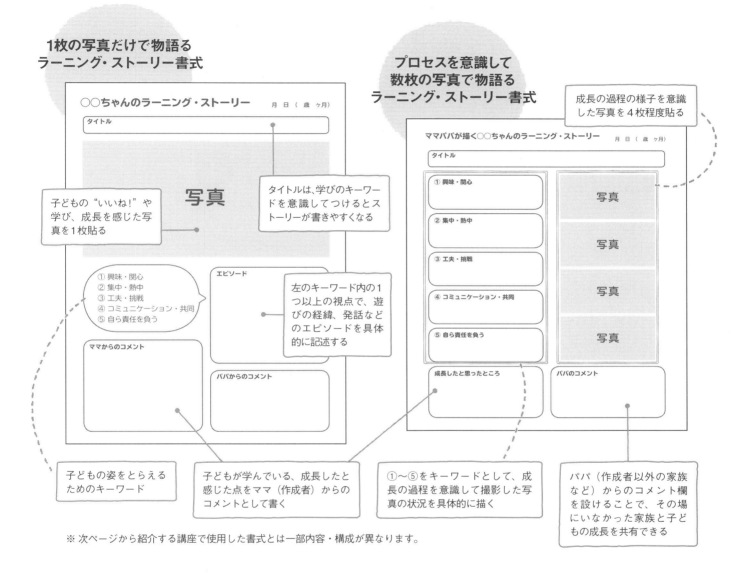

**1枚の写真だけで物語る
ラーニング・ストーリー書式**

○○ちゃんのラーニング・ストーリー　　月 日（ 歳 ヶ月）

タイトル

写真

子どもの"いいね！"や学び、成長を感じた写真を1枚貼る

タイトルは、学びのキーワードを意識してつけるとストーリーが書きやすくなる

① 興味・関心
② 集中・熱中
③ 工夫・挑戦
④ コミュニケーション・共同
⑤ 自ら責任を負う

エピソード

左のキーワード内の1つ以上の視点で、遊びの経緯、発話などのエピソードを具体的に記述する

ママからのコメント

パパからのコメント

**プロセスを意識して
数枚の写真で物語る
ラーニング・ストーリー書式**

成長の過程の様子を意識した写真を4枚程度貼る

ママパパが描く○○ちゃんのラーニング・ストーリー　　月 日（ 歳 ヶ月）

タイトル

① 興味・関心

② 集中・熱中

③ 工夫・挑戦

④ コミュニケーション・共同

⑤ 自ら責任を負う

写真

写真

写真

写真

成長したと思ったところ

パパのコメント

子どもの姿をとらえるためのキーワード

子どもが学んでいる、成長したと感じた点をママ（作成者）からのコメントとして書く

①～⑤をキーワードとして、成長の過程を意識して撮影した写真の状況を具体的に描く

パパ（作成者以外の家族など）からのコメント欄を設けることで、その場にいなかった家族と子どもの成長を共有できる

※ 次ページから紹介する講座で使用した書式とは一部内容・構成が異なります。

　上記の2種の書式（フォーマット）を紹介しましたが、最初はそれにとらわれすぎて、かえって難しく感じてしまうかもしれません。

　その場合は、まずは子どもが「興味・関心を向けた」と思った場面、「何かに集中している、時間をかけている」と感じた場面、「今までやったことのないことに挑戦している」と気づいた場面、誰かと関わりながら「自分のできること（役割など）をしっかりやっている」と感じた場面に出会ったら、1枚の写真を撮ることから始めます。

　そこで、第2回講座では、たった1枚の写真から作るラーニング・ストーリーに挑戦しました。

第2回講座：1枚の写真だけで物語るラーニング・ストーリー

① Aちゃんのラーニング・ストーリー

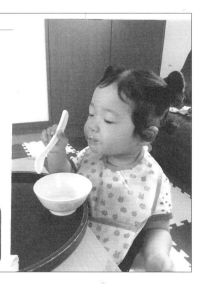

○○ちゃんの成長記録 9月25日 （1歳 6ヶ月）

☆タイトル
初めてのスプーン食べ

興味関心：ヨーグルトを一人で食べてみる

集中：入れるのに集中

挑戦：一人でスプーンをもって口へ

仲間（親・他）：ママが一人で器をかえようとしたら、出来る!!と…

達成：一人でおいしく食べれました。サイン

お父さんのコメント
上手に食べれたね。次はもっとうまく食べられるよ。

ママからのコメント
初めてのチャレンジ、おロにヨーグルトを多たくさんつけてパクパクように食べれました。びっくりしちゃいましたよ。

誰でも一度は通過する、一人でスプーンを使って食べ始めるシーン。

この日が訪れるのは一体いつなのかと、親は大いに期待し、胸を膨らませます。実はお子さんにとっても、自立の第一歩であるこの瞬間を自分自身で実感できると、嬉しくてたまらない達成感を感じます。

集中・意欲
「一人でできる！」と意気込んだ日。自立の一歩！

本人もママも喜びを共有した瞬間です。

パパにも成長の様子が伝わり大反響！

ママへのインタビューから、1歳6か月のお子さんが初めてスプーンを使ってヨーグルトを食べた時の感動や驚きが伝わってきました。いつもならママが器に手を添えるのですが、この日は「一人でできる！」と意欲的に一人でチャレンジしたそうです。お子さんと一緒に達成感を共有できたママは、その様子をラーニング・ストーリーに簡潔にまとめることができました。また、これをパパに見せることで、お子さんの成長が具体的に伝わり、よい反響があったと話してくれました。

☞ ポイント
Aちゃんの生活習慣の自立に注目し、小さな発達のサインを見逃さないでラーニング・ストーリーを書いています。乳児の頃には、このようなタイミングが頻繁に訪れます。ぜひ記録に残し、お子さんにも見せてあげるとよいでしょう。その瞬間に立ち会えないパパにも子どもの発達のプロセスを追体験してもらうことで、父親のアイデンティティーが高まります。

② Bちゃんのラーニング・ストーリー

　この写真を撮る前は、お子さんが日常で何気なく手にしているものに意味を感じとるというよりも、「子どもって、何でも手にしたもので遊んでいる…」と、むしろ困り顔でいたそうです。

上に押して開くんだって 開いてみたり、
横から見てみたり、内側から見てみたり、
あ！ 女の子の絵が描いてあるよ。お姫様かな？
くるくる回るよ。楽しいね♪

興味

お兄ちゃんが持っている傘をジッと見て興味を示し、「上に押したら開くの！」と発見を喜んでいる瞬間。楽しそうだね！

集中・工夫

クルクル回して、傘に描かれた絵の模様に興味津々。晴れでも雨でも、天気など関係なく持ち歩く気に入りよう。ただの傘でもBちゃんにとっては大事なものなのね。

　ラーニング・ストーリーを作成したママへのインタビューから、「傘」という生活用品が、子どもにとって大きな意味を持っていることに「初めて気づいた！」という新鮮な感動が伝わってきました。

　これこそ子どもの視点に立って「傘」への興味を実感し、お子さんの気持ちを理解できた瞬間ではないでしょうか。

☞ ポイント

　Bちゃんの心のなかを想像し、子どもの気持ちに寄り添ったラーニング・ストーリーを書いています。子どもの興味や関心を見守りながら、一緒に楽しむ余裕もうかがえます。

第3回講座：成長のプロセスを意識したラーニング・ストーリーに挑戦

　最終講座は、成長のプロセスを意識しながら、4枚程度の写真を撮ることにチャレンジしてもらいました。

③ Cちゃんのラーニング・ストーリー

9月3日（5歳6ヶ月）

《 はじめての 弓矢 》

おまつりで お友達が 沢山並んでいる「的あて」に 興味を持ち列に並びました。並んでいる間に お友達がやっているのを見て、どんな風にやっているのかな とジッと見つめていました。初めての 的あて。説明を聞いてチャレンジ！

的に当てる為に 自分なりに考えて、目の前に 矢を引いてのぞいています。目の前に 矢を引いたことで、弓を目いっぱい 引くことが 出来ず、的まで 矢が 飛びません。

弓に 矢をセットするのが なかなかうまく 出来ず、それでも 手伝ってもらわずに 時間をかけて 自分で 5本 やり抜きました。的を見つめる 真剣な 眼差し、とっても 素敵です。

当たりの お菓子は もらえなかったけど、沢山の 参加賞の 中から 真剣に 選んでいます。自分の 欲しいものを 見つけて、おじさんに「これ下さい！」と 元気に 言えました。公文で「弓」と「矢」の漢字の 勉強をしているところだったので、これが「弓」と「矢」なんだよ と教えてあげました。

興味

興味・関心
お祭りで「的当て」に興味をもったCちゃん。どんな遊びなのか友達の様子をじっくり観察し、挑戦しました。

集中

集中・工夫
最初は難しく、的まで矢が飛びません。失敗にもめげず、工夫を凝らして最後の5本までやり抜きました。

工夫

自ら責任を負う

自ら責任を負う
的は外れましたが、粘り強く挑戦し、参加賞の選び方にも達成感があふれています。

　ママにインタビューしたところ、Cちゃんの遊びの様子を写真に撮っていると、子どもの考えや行動の意味を想像できるようになったとおっしゃっていました。

☞ ポイント

ラーニング・ストーリーを書くママのまなざしが保育者に近づいています。
「難しいものへ挑戦する意欲」→「困難なことに向かい、工夫を凝らす熱意」→「失敗するものの集中してやり抜く様子」→「結果は出なくとも、真剣に向き合った達成感・充実感を感じている様子」と、側で見守っていたママがお子さんの成長のプロセスを共感的にとらえ、見事なラーニング・ストーリーをつくり上げています。

④　Dちゃんのラーニング・ストーリー

　次のラーニング・ストーリーは、1歳5か月のDちゃんが自分の身体の大きさにも匹敵するような大きな陸ガメと出会う様子を書いています。

　お姉ちゃんが通う幼稚園で行われた移動水族館には、Dちゃんが初めて出会う生き物ばかりがいました。海に生息する生き物は、大人でも怖さを感じるものです。最初は怖がり、拒否的な行動を示していたものの、最後には餌やりをする積極的な態度に変わっていく変化を目の当たりにして、ママやパパはDちゃんの大きな成長を感じたようです。

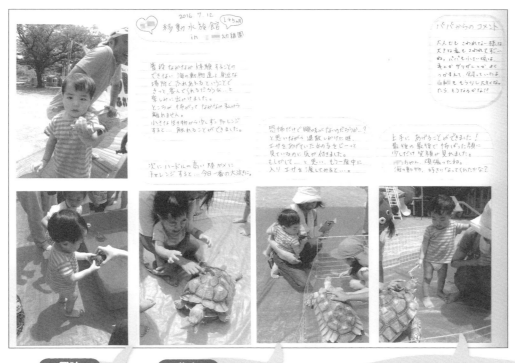

興味
怖がっている！

集中
でも、餌をあげている女の子の様子をじっと見つめます。

挑戦
怖さを乗り越え、餌やりに挑戦！　大きなカメが美味しそうに餌を食べるのを観て、何かに納得した様子。

☞ ポイント
初めて何かを体験する時のお子さんの表情や反応は、その時のお子さんの気持ちを読み取るよい機会となります。このような体験を繰り返すことで、表情や態度の変化も見えてくるようになると、成長のプロセスを記録する意味もさらに深まります。

⑤ Eちゃん兄弟のラーニング・ストーリー

　Eちゃんの家には、3歳児のEちゃんと年長組のお兄ちゃんがいます。家で二人が一緒に遊ぶなかで、それぞれにさまざまな気持ちの葛藤があり、時には心配の種にもなるようですが、プロセスを追っていくと、兄弟が互いを必要とする場面が現れます。兄弟のそれぞれの思いを理解しながら、成長を実感した事例を紹介します。

　ママへのインタビューから、積極的なお兄ちゃんに対して、まだ幼さが残る弟のラーニング・ストーリーを書いてみようと思ったとのことでした。最初は、お兄ちゃんの遊ぶ姿に影響を受け、ブロックに挑戦している場面を取り上げました。次（下記掲載のラーニング・ストーリー）は、弟の誕生日プレゼントでもらったトイトレーンの電車を巡るお兄ちゃんの葛藤場面を取り上げています。

　弟のトイトレーンを隠れて遊ぶ兄→弟に見つかり落ち込む兄→弟がうまく遊べない事態発生→お兄ちゃんに手伝ってとお願いする場面→兄弟仲よくトイトレーンで遊ぶ場面……、と兄弟間に起こった葛藤意識の発生から共同意識の高まりに変化した場面をとらえ、遊びのプロセスを見事に考察しています。

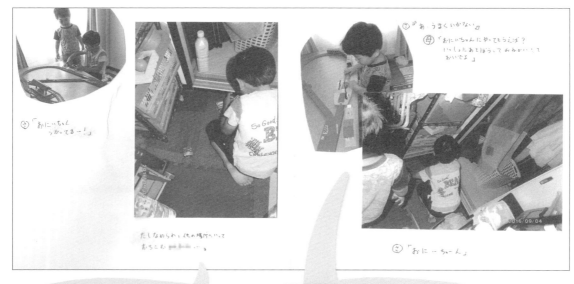

心情

弟のトイトレーンを勝手に使ってしまったことを恥じる兄。でも遊びたい気持ちが背中に表れています。

共同・判断力

弟一人ではうまく遊べない。お兄ちゃんに手伝ってもらえば楽しくなると気づきました。

☞ ポイント

兄弟各々が、どのような気持ちでいるのかを丁寧にとらえようとしていることが表れています。また、写真を撮った場面を分析すると、兄弟のどちらにもママの愛情があふれていることが伝わってきます。

4 親だからこそ撮れる×子どもの発達を見据える写真

　この章で紹介した地域子育て支援拠点事業での【スナップ写真が語るわが子の"学びの物語"作り】は、子どもの成長記録を書くという習慣の少なかったママたちの取り組みです。しかも、子どもの発達記録を第三者に公表するという目的のある課題も希少な経験だったことでしょう。専門の保育者であっても大変な作業ですから、3か月の期間を通して月1枚のペースで記録を作成するというのは、難題だったかもしれません。

　しかし、6人のママたちから次のような成果を得ることができました。

【ママたちの声】

＊私自身が育児に追われているなかでも、子どもは具体的な体験や発達をしていることがわかった。

＊行動の意味を振り返ってコメントを書くと、些細な子どもの発達が実感できた。

＊大人からみたら何でもないことでも、子どもは気持ちを揺さぶっていることを知った。

＊「記録」というと面倒くさいと思ったが、書いたら子どもがおもしろいようにわかった。

＊子どもの兄弟関係、父親との関係にも目を向けるよい機会となった。

＊子どもの成長はプロセスでとらえること（長期的成長の視点）が重要だと講座で学び、結果を焦ってはいけないのだとわかった。

＊記録を主人に見せて、コメントをもらったことで、主人の幼い頃の話を聞くことができた。そのことで、子どものことを話し合うきっかけにもなった。

＊主人から、子どもたちの普段の様子がわかるのがいいと感謝された。

＊書きながら、子どもに向き合う時間を習慣的にもとうと思った。

　上記の声から、子どもの発達する姿を、共感的・肯定的にとらえているママたちの様子がうかがえます。

　子育てのポジティブな側面をとらえられずに不安になり、悩みがちな親たちにこそ、**日々の育児のなかには、楽しさや充実感があふれていることを実感してほしい**と願ってやみません。

　わが子の"学びの物語（ラーニング・ストーリー）"の実践は、その一助になるに違いありません。

ヴィジブルな保育記録のフォーマット例

「1枚の写真」で作成するものと「複数の写真（遊び・活動にプロセスがあるもの）」で作成する2種類のフォーマットを紹介します。これらのフォーマットと作成のポイントを参考にして、ヴィジブルな保育記録にぜひ挑戦してみてください。また、各自、各園に合った形式・方法を見つけるヒントとしても活用してください。

作成協力／宮前幼稚園

フォーマット①
子どものステキを1枚の写真でとらえる

タイトル
ぐるぐるクレヨン

2017年 4月 18日
なまえ ●●●●●

わぁ、きれい！

子どものどんな "ステキ！" を伝えたいか

伝えたいのは楽しさを感じている子どもの表情なのか、器用な指先なのか、描かれた作品なのか…。最も伝えたい場面を押さえられるとよいですね。子どもが何かつぶやいていた時は、吹き出しを入れるとその時の状況が伝わりやすくなります。

まずは "ステキ！" と心動いた瞬間を大切に

これらの7つの視点を意識しながら子どもの姿をとらえていきます。また、保育後に、この視点で振り返ることで子どもの新たな一面（学びの姿）が見えてくるはずです。

子どものステキをとらえる7つの視点
- 安心・安定
- 関心をもつ
- 熱中する
- 困難ややったことのないことに立ち向かう
- 他者とコミュニケーションをはかる
- 自ら責任を担う
- 学びを深める

エピソード

クレヨンで好きな絵を描いていると、色と色が重なり合うと新しい色ができることに気づいたHくん。すると、「いっぱいの色使ってみよう！」と、お気に入りの色をまとめて持ち、ぐるぐると円を描き始めました。色が重なり合ってできる不思議できれいな色に笑顔があふれています。心を開放しながら思いのままにぐるぐると描き、新たな色との出会いを楽しんでいました。

写真だけでは伝わらない姿を記す

子どもの思いやこだわり、試行錯誤の様子をエピソードとして記すことで、写真だけでは伝わらない姿が「学びの物語」として浮かび上がってきます。

担任からのコメント

進級当初は緊張した様子だったHくん。今日の姿は、不思議な色ができる楽しさを感じ、たくさんの笑顔が見られました。これからも、楽しい！ 面白い！をたくさん見つけていってほしいです。

保護者からのコメント

家ではあまり絵を描くことが好きではないのですが、何かを描くというだけでなく、色のきれいさを楽しんでいる姿を見て、嬉しく思いました。

コピーする時は…

- A4サイズで使用
→ 115%でコピー
- B5サイズで使用
→ 100%でコピー

なまえ

子どものステキを
とらえる7つの視点

- 安心・安定
- 関心をもつ
- 熱中する
- 困難ややったことの
  ないことに立ち向かう
- 他者と
  コミュニケーションをはかる
- 自ら責任を担う
- 学びを深める

エピソード

担任からのコメント

保護者からのコメント

子どものステキを
プロセス（複数の写真）でとらえる

**場面ごとの姿が
伝わるように**
それぞれの場面でどんな
ことを経験し、感じ、考え、
行動しているのか具体的
に伝えます。写真や記録
をもとに子どもに "こだ
わりポイント" などを尋ね
てみると、子ども理解が
さらに深まります。

タイトル　　　　　　　　　　2017 年　6 月　12 日
泥だんごづくり
なまえ　●●●●●

まずはぐちゃぐちゃの
泥を取るんだよ

**①泥を取って
団子の形を作る**
作り方を友達に
アドバイスしています。

②さらさらの砂をかける
お団子が
見えなくなるまで
砂をかけています。

③ピカピカに磨く
集中！
磨けば磨くほど
強くなっていくそうです。

④泥だんごの完成！
さらさらで
すごく気持ちいい
泥だんごが完成しました。

エピソード

何度ひびが入ろうと、
水をつけて、さら砂を
つけて丁寧に磨きあげ
ていました。
先生や友達が「もう大
丈夫だよ」と言っても、
「いっぱい磨くと強くなる
んだよ」と言い、自分
で納得するまで磨き続
けていました。最後に
は、頑丈な泥だんごが
完成しました。

子どものステキを
とらえる7つの視点
● 安心・安定
● 関心をもつ
● 熱中する
● 困難ややったことの
　ないことに立ち向かう
● 他者と
　コミュニケーションをはかる
● 自ら責任を担う
● 学びを深める

**子どものステキを
わかち合う**
保護者の方のコメントを
受けて、さらにコミュニ
ケーションをとっていく
ことが大切です。子ど
ものステキを保護者と
共有・共感することで
園と家庭の信頼関係が
育まれていきます。

保育者の思いや願い
"ステキ！" と感じた素直
な思いを伝えることが大切
です。自然と肯定的なまな
ざし、肯定的な言葉で子
どもの姿が語られます。

担任からのコメント
泥だんご作り名人のKちゃん。ピカピカにした
いという強い気持ちと集中力で、こだわりの泥
だんごを作り上げていました。自分で作るだけ
でなく友達に教えてあげる姿もたくさん見られ
ました。

保護者からのコメント
この日は泥だんご作りをして、身体中泥だらけで
帰ってきていました。一人で遊ぶことの多かった
娘ですが一生懸命泥だんごを作っていたおかげ
で友達がたくさん集まってきたようです。とって
も楽しかったみたいです。

コピーする時は…

● A4サイズで使用　　● B5サイズで使用
➡ 115%でコピー　　　➡ 100%でコピー

タイトル

年　　月　　日

なまえ

エピソード

子どものステキを
とらえる7つの視点

- 安心・安定
- 関心をもつ
- 熱中する
- 困難ややったことの
  ないことに立ち向かう
- 他者と
  コミュニケーションをはかる
- 自ら責任を担う
- 学びを深める

担任からのコメント

保護者からのコメント

おわりに

"子どもの姿"こそ
保育におけるエビデンス

佐藤康富

近年、保育現場には保育の質の高さが求められています。待機児童解消の点から保育施設の量的拡大が求められていることは言うに及ばず、くわえて、保育の質が焦点化されています。それは「子ども・子育て支援法」においては、「（前略）全ての子どもが健やかに成長するように支援するものであって、良質かつ適切なものでなければならない。（第二条2）」との文言で表れています。特に、保育という営みは小学校以上の教育と比較して目に見えてわかるというものばかりではありません。しかしながら、質が問われる時、それを何らかのエビデンス＝根拠をもって説明していかなければなりません。

保育においては、何をエビデンス＝根拠とするのか。それは「子どもの姿」以外にはないのではないでしょうか。保育現場は研究者や政策策定者の集まりではありません。したがって、数字で表されるデータではなく、「子どもの姿」をどのようにとらえ、読み取るのかを、保育者同士が共有することで、独りよがりのものではなく、妥当性を得たものになるのです。このことをこの本では何度となく語ってきました。

その時に大事なことは、保育者が、保護者が、子どもの"ステキ"だと思うところを感じる、とらえることです。この観点として、ニュージーランドのラーニング・ストーリーを参考に、このことを示してきました。この子どものステキさを感じること、これが本書の核心であり、それを感じただけではなく、目に見える形＝ヴィジブルな形で表し、発信し、保育者同士が、保護者が、子ども自身が共有するということが何より重要です。

しかしながら、忙しい保育現場のなかで、このことに取り組むことは容易なことではないことも事実です。子どもの真の成長のために、本当に何が必要かを問い、チャレンジしなければ保育の質の向上はありません。その具体的なチャレンジ、取り組みの姿を本書の保育現場での事例は示しています。きっと、これらの事例が参考になるとともに、本書を読まれたみなさんの力、支え、チャレンジの源となることでしょう。このチャレンジ、プロセスのなかにこそ、保育の質の向上はあるのですから。

　もちろん、このようなヴィジブルな保育記録を可能にするには、やろうとする情熱、パッションが大事なことはいうまでもありませんが、同時に実現可能とするために、本書のなかではハード面での条件整備、撮影道具、写真の管理、時間の確保、共有のあり方、フォーマットなども示しました。これも、読み返していただくと、参考になり、また、園や家庭、保育者養成校でのヒントになり、そこでのオリジナルな保育記録を作る手助けになるのではないでしょうか。

　最後に、「ヴィジブルな保育記録は世界を変える」ということをお伝えしたいと思います。筆者がニュージーランドにラーニング・ストーリーの現地調査に行った際、マーガレット・カー先生とともに、これを推進指導しているウェンディ・リー先生にお会いしました。その時、リー先生は「保育は世界を変える」とおっしゃったのです。続けて、彼女は "Change the word , Change the world" と言いました。つまり、私たち保育者が「どのような言葉で子どもの姿を伝えるかによって、その子どもを取り巻く世界は変わるのだ」と。

　本書『ヴィジブルな保育記録のススメ』は単なる保育記録の技術的なハウツーを語ったものではありません。「子どもの世界を豊かにするため」のパッションとツールを同時に伝えるものです。

　一人でも多くの保育者にチャレンジしていただけると、その分だけ、世界は変わります。本書がみなさんの手助けに、支えに、勇気づけになれたらと願ってやみません。

◆『ヴィジブルな保育記録のススメ』編集委員

小泉裕子（こいずみ・ゆうこ）
／鎌倉女子大学短期大学部教授

主な著書に『保育原理』（東洋館出版社）、『実習場面と添削例から学ぶ！保育・教育実習日誌の書き方』（中央法規出版）、『シードブック保育者論』（建帛社）他、多数。社会的活動として、厚生労働省社会保障審議会福祉文化分科会専門委員、鎌倉市児童福祉審議会委員、鎌倉市子ども・子育て会議委員等。

佐藤康富（さとう・やすとみ）
／東京家政大学家政学部教授
　東京家政大学短期大学部教授

主な著書に『保育・教育課程総論』（大学図書出版）、『実践者が作った教育課程プログラム』（鈴木出版）、『幼稚園・保育園実習まるわかりガイド』（ナツメ社）他、多数。社会的活動として、神奈川県私立幼稚園連合会 特別研究部会講師、横浜市立保育所の民間移管にかかる法人選考委員会委員長、川崎市子ども・子育て会議委員等。

◆執筆協力

宇田川 愛（神奈川県平塚市・平塚市立土屋幼稚園）

亀ヶ谷元譲（神奈川県川崎市・宮前幼稚園）

坂本喜一郎（神奈川県相模原市・RISSHO KID'S きらり）

宍戸良子（作新学院大学女子短期大学部）

土井敬喜（神奈川県相模原市・南大野幼稚園）

野津直樹（小田原短期大学）

久冨多賀子（神奈川県横浜市・岩崎学園附属幼稚園）

森本壽子（神奈川県鎌倉市・鎌倉女子大学幼稚部）

※本文中の執筆者の所属・肩書きは、
　第1刷発行時（2017年10月）のものです。

本文イラスト／有栖サチコ

カバー・本文デザイン／ Zapp!（高橋里佳　武藤佑奈）

編集担当／菊池文教　乙黒亜希子

写真とコメントを使って伝える
ヴィジブルな保育記録のススメ

2017年10月17日　初版第1刷発行
2021年11月29日　初版第4刷発行

著者　小泉裕子　佐藤康富
発行人　西村保彦
発行所　鈴木出版株式会社
　　　　〒101-0051 東京都千代田区神田神保町2-3-1 岩波書店アネックスビル5F
　　　　電話 03-6272-8001 （代） FAX 03-6272-8016
　　　　振替 00110-0-34090
印刷所　三美印刷株式会社
◆鈴木出版ホームページ　http://www.suzuki-syuppan.co.jp/
©Koizumi Yuko & Sato Yasutomi 2017 Printed in Japan　ISBN978-4-7902-7244-1 C2037